청소년을 위한
토론교과서

D 청소년을 위한 **토론교과서**

1판 1쇄	2013년 9월 11일
2판 1쇄	2014년 4월 2일
3쇄	2019년 4월 5일

지은이 전영우
펴낸이 이재종

펴낸곳 (주)C&A에듀

주소 서울시 강남구 도곡로 63길 23, 3층 302호
전화 02-501-1681
팩스 02-569-0660
홈페이지 www.cnaedu.co.kr
전자우편 rainbownonsul@hanmail.net

ISBN 978-89-6703-341-5

청소년을 위한
토론교과서

전영우 지음

DEBATE

C&A에듀

D 머리글

민주주의의 성패는 공동체 내에서 토론 문화가 얼마나 성숙하게 뿌리내리고 있느냐에 달려 있다고 해도 과언이 아니다. 하지만, 우리 사회는 아직 건전한 토론 문화의 토대가 약하다는 점을 인정할 수밖에 없다.

오늘날 우리 사회 곳곳에서 벌어지고 있는 '토론'의 실태를 객관적으로 파악해 볼 필요가 있다. 그래야 보다 나은 토론 문화의 정착이 가능하기 때문이다.

우리의 토론 문화에서는 공식 토론보다 비공식 토론이 많은 점을 우선적으로 지적해 볼 수 있다. 비공식적 토론에서는 타당한 논거가 뒷받침된 논리적 주장보다는 감정에 치우친 주장이 오가는 경우가 많다. 그 결과 논리적으로 사고하고 표현하는 능력을 제대로 기를 수 없게 된다. 또한, 상대편 주장을 경청하고 논리적인 반론을 제기하는 훈련이 제대로 안 되어 있어서 토론이 감정싸움으로 이어지는 경우가 빈번하다. 그 결과 문제 해결 방안을 내지 못하고 끝나 버리기도 한다.

우리가 흔히 접할 수 있는 방송 토론의 경우를 봐도 토론 참가자의 사전 준비가 철저하지 못해 토론자의 설명과 설득이 세련되지 못하거나 의사소통의 기본 소양이 부족해 보일 때가 많다.

우리 사회에서 토론 학습이 절실히 요구되는 이유는 어느 한쪽의 주장만으로 일방적 의사결정을 내리는 것보다 토론에 의존하는 것이 더 합리적이기 때문이다. 또한 토론을 통하여 공공문제나 시사문제에 대하여 관심을 확대하면서 민주시민의 자질을 함양할 수 있다. 주어진 논제를 면밀하게 검토하고 합리적으로 사고하며, 자신의 의견을 정확히 발표하고 남의 의견도 경청할 줄 아는 태도 또한 토론을 통해 기를 수 있다.

'토론의 능력'이 오늘을 살아가는 핵심 경쟁력으로 작용하고 있는 만큼, 이제는 누구나 토론을 배우고 익혀야 한다. 스피치에 관한 책들이 난무하는 요즘이지만, 토론에 대해 기본부터 차근차근 가르쳐 주는 책은 그다지 많지 않다. 이는 아직까지 많은 사람들이 토론의 중요성을 인식하지 못하고 있으며, 우리 사회에 성숙한 토론 문화가 정착하지 못하고 있는 데에서 그 원인을 찾을 수 있다.

이 책은 토론에 대하여 전혀 모르는 사람들도 기꺼이 토론과 친해짐으로써 토론을 잘할 수 있도록 도움을 주기 위해 출간되었다. 또한 나아가 이 책이 현재 우리 사회의 토론 문화를 개선하고 질적 향상을 꾀하는 데에 작은 밀알이라도 되었으면 하는 바람이다. 이 책을 읽은 독자들이 토론의 장점을 충분히 이해한 후에, 다양한 토론의 기술과 방법 등을 실전에서 십분 응용하고 실천할 수 있다면 저자로서 더없는 보람이 되겠다.

끝으로, 논술 등의 글쓰기 능력을 향상시키기 위해서도 토론 훈련을 꾸준히 해야 함을 강조하고 싶다. 토론의 내용을 문장으로 기술하면 그것이 바로 논술이기 때문이다.

2013년 9월 전영우

D 차례

PART 1

토론과
친해지기

토론은 과학적인 논쟁이다
토론에도 법칙이 있다
토론은 토의와 다르다
토론을 잘해야 하는 16가지 이유

논쟁할 경우엔 상하도 신분도 연령도 성명도 없다.
진리 이외에는 아무것도 없고 진리 앞에서는 만인이 평등하다.

Romain Rolland

과학적인 논쟁이다 토론은

토론의 뿌리는 변증법이다

고대 그리스의 아테네Athenae는 대화법과 변론법을 발전시키고 민주주의를 성장시킨 대표적인 지역이다. 아테네 시민들은 아고라Agora라는 광장에 모여 정치적·경제적·사회적 사안들에 대해 의견을 나누고 정책을 결정하였다. 아테네 시민들은 아고라에서 서로에게 필요한 정보를 주고받았고, 억울한 일을 당한 사람들은 이곳에서 스스로를 변론하기도 했다. 요컨대, 아고라 광장은 아테네에서 의사 결정의 장場이자 커뮤니케이션의 장이었다.

오늘날 토론은 가장 합리적인 의사 결정 방법으로 주목받고 있다. 민주주의라는 토양 위에서 누구나 자유롭게 자신의 주장을 펼칠 수 있었던 아고라 광장의 모습에서 토론의 뿌리를 찾을 수 있다.

토론은 긍정과 부정, 즉 정正과 반反의 대립을 전제로 하는 변증법적 논쟁이다.

변증법은 라틴어 '다이알렉티카dialectica'를 어원으로 하는데, 그 말의 본래 의미는 '대화' 또는 '문답'이다. 변증법을 어렵고 딱딱한 것이라고 생각하는 사람이 많지만, 사실상 변증법은 일상적인 대화의 원리 또는 질문과 답변의 방식이라고 볼수 있다.

현대 서구 사상의 근저에 놓여 있는 핵심은 바로 이 변증법이다. 정과 반의 대립을 전제로 하여 사물을 바라보고 판단하는 것, 이것이 바로 서구인들의 대표적인 사고방식이다. 서구에서는 이 변증법의 오랜 역사 속에서 토론의 싹이 트고 자라왔다.

그러므로 토론을 단지 어떤 의사 결정을 위한 논의의 한 가지 방법쯤으로만 간주한다면 큰 오산이다. 토론을 이해하는 데 있어 중요한 것은 그것이 '사고思考의 방법'이라는 점이다. 특히 '논리적인' 사고 방법이라는 점에 주목해야 한다.

토론은 자기 주장을 증명하는 싸움이다

사실상 우리는 거의 매일 토론을 하고 있다. 학교에서, 직장에서, 가정에서 수시로 토론을 벌이고 있다. 주말에 있을 친구의 생일 모임에 어떤 옷을 입고 갈지를 가족끼리 결정할 때나 신상품 출시를 언제로 할지를 결정할 때도 우리는 토론을 하고 있는 셈이다. 한 가지 사안을 놓고 서로 다른 주장을 내세우는 논의가 시작되면 바로 이것이 토론이 된다.

토론은 한 가지 논제에 대해 긍정측과 부정측이 나뉘어 논의를 하는 것이라고 간단히 정의 내릴 수 있다. 법정에서 변호사와 검사가 벌이는 논쟁 등이 토론의 전형적인 예이다. 대통령 선거 과정에서 후보자들이 벌이는 TV 토론도 좋은 예라고 할 수 있다.

기업 연수에서 주로 행해지는 교육 토론도 법정 토론과 거의 같은 방식으로 진

행된다. 주어진 논제를 둘러싸고 긍정측과 부정측으로 나누어 논의한 뒤 어느 쪽이 승리했는가를 판정한다. 긍정측이나 부정측이 모두 승리를 위해 사실, 자료, 정보 등을 수집하고 자기측 주장의 정당함을 논증한다. 토론은 자신의 논리를 증명하는 싸움, 즉 과학적인 논쟁이다. 따라서 토론에서 가장 중요한 것은 논리적인 사고와 표현이다. 단순한 말하기 기술만으로 토론에서 승리할 수 없다. 사실, 자료, 문헌 등의 모든 정보를 수집해 자신의 논리를 얼마나 과학적으로 표현하고 증명하느냐가 승패를 좌우한다.

'언쟁'이 아닌 '논쟁'이다

사람은 주로 언어를 이용해 자신의 생각이나 감정을 표현한다. 이러한 언어 표현은 달리 말하면 '사고의 전개'라고 할 수 있다. 그 이유는 사고의 전개 없이는 언어 표현이 이루어질 수 없기 때문이다. 따라서 명석한 사고의 소유자일수록 훌륭한 언어 표현이 가능하다. 말을 갈고닦는 일이 곧 사고를 갈고닦는 것이다.

이것이 서구식 사고의 근저를 이루고 있는 또 하나의 요소인 이성理性의 전통이다. 특히 서구에서 토론이 발전한 것은 이와 같은 이성 중시의 전통에서 비롯되었다. 그 기원은 멀리 그리스 시대까지 거슬러 올라간다. 그들은 합리적 이성을 바탕으로 자신의 주장을 펼칠 수 있는 능력을 중시했는데, 이는 '침묵이 금'이라는 가치관을 중시했던 한국적 사고방식과는 커다란 차이를 보인다. 오늘날 우리가 서구인들에 비해 토론에 익숙지 못한 것은 이러한 근본적인 전통의 차이에서 비롯되었다.

우리가 토론을 자연스럽게 받아들이지 못하는 이유 중 하나는 논쟁과 단순한 말싸움을 구별하지 못하는 데에 있다. 토론은 기본적으로 논쟁의 형식을 띠는데, 이것이 결국은 감정적 언쟁으로 끝나는 경우가 많다. 합리적 근거를 바탕으로 한

정당한 비판과 깎아내리기식의 인신공격을 제대로 분간하지 못하는 것이 그 원인이다.

언쟁을 피하려고 하다 보니 정책 결정을 위한 각종 토론은 단순히 보여 주기 위한 형식적인 행사로 그치는 경우가 많다. 특히 각 기업에서의 노사 협상을 보면 노사 회의는 그저 하나의 공식적인 절차일 뿐이고 정작 중요한 의사 결정은 사전 교섭을 통해 이루어지고 있다.

우리 사회가 소수의 특정 실력자에 의해 좌지우지되는 것을 막으려면 누구나 자유롭게 자기 의견을 발표할 수 있는 민주적인 토론의 장이 활짝 열려야 한다. 열린 마음과 열린 사고를 바탕으로 하는 자유로운 토론은 창의적 발상을 할 수 있도록 도와준다.

토론에도
별칙이 있다

기본적인 토론 형식

토론은 어디까지나 자유로운 분위기에서 이루어져야 한다. 하지만 토론의 형식에 맞는 규칙과 절차에 입각하여 진행되어야만 좀 더 생산적인 결과를 이끌어 낼 수 있다.

토론의 가장 기본적인 형식은 입론, 반대 신문訊問, 최종 변론의 세 부분으로 이루어진다. 이것이 토론의 골격이다. 최종 변론 후에 심판에 의한 판정으로 토론의 논의가 끝난다.

입론은 논제에 대한 긍정측 또는 부정측의 변론이다. 양측 모두 각자 어떻게 논제를 긍정 또는 부정하는가를 각종 자료를 기초로 하여 변론을 행한다. 학교나 기업에서 이루어지는 교육 토론에서는 팀의 토론자 중 한 명이 대표로 입론을 한다.

반대 신문은 긍정측 또는 부정측의 입론을 듣고 상대측 주장의 모순이나 문제점 혹은 의문점 등을 지적하고, 그에 대한 논의를 벌이는 것이다.

최종 변론은 입론과 반대 신문이 모두 끝난 뒤 긍정측과 부정측이 자기측 입장의 정당성을 증명하기 위한 논리적 근거를 총괄적으로 설명하고 변론하는 것이다.

입론 ➡ 반대 신문 ➡ 최종 변론 ➡ 판정

토론의 기본 형식

표준적 토론 형식

표준적 토론 형식은 긍정측 입론(8분) ➡ 부정측 입론(8분) ➡ 작전 타임(2분) ➡ 부정측 반대 신문(15분) ➡ 긍정측 반대 신문(15분) ➡ 작전 타임(2분) ➡ 부정측 최종 변론(6분) ➡ 긍정측 최종 변론(6분) ➡ 판정으로 이루어진다. 토론은 모두 긍정측의 입론으로 시작해 긍정측의 최종 변론으로 끝난다.

괄호 안의 시간은 각 단계별 소요 시간이다. 토론은 분초의 단위로 진행된다. 즉 토론은 제한된 시간 안에서 논의를 벌이는 것인데, '논리'를 생명으로 하는 토론의 특성상 이것은 대단히 중요한 부분이다.

시간이 제한되면 인간은 논리적으로 행동하게 된다. 반대로 시간의 여유가 많을수록 비논리적인 경향을 띠고 나태해지기 쉽다. 그러므로 시간을 지킬 줄 아는 사람 중에는 논리적인 사람이 많다. 반면 시간에 매여 있지 않은 사람은 비논리적이고 감정적인 경우가 많다. 시간을 지키는 일에서부터 논리 교육이 시작되는 것이다.

표준적인 토론 형식에 대해 설명해 보자. 가령, 논제를 '성폭력 범죄자의 전자발찌 착용은 합당하다'로 정했다고 하자. 이 논제에 대해 먼저 참가자를 긍정측과 부정측으로 나눈다. 양측으로 나누어 팀 토론을 진행하기 때문에 긍정측과 부정측 각각 4~5명으로 한 팀을 구성한다. 긍정측은 '성폭력 범죄자의 전자발찌 착용

은 합당하다'는 입장에 서서 토론한다. 부정측은 '성폭력 범죄자의 전자발찌 착용은 합당하지 않다'는 입장에 서서 토론한다.

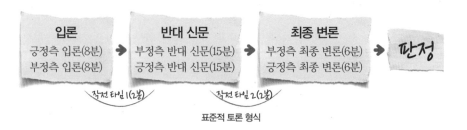

표준적 토론 형식

긍정측 입론　먼저 긍정측이 입론을 시작한다. 토론에서는 시간을 엄격히 지켜야 한다. 보통 입론 시간은 6~8분이고 길어도 10분을 넘기지 않아야 하므로, 논리적이면서 간결하게 핵심을 짚어 가며 발표하지 않으면 안 된다. 서론을 길게 늘어놓으면 뒤에 가서 시간이 부족해 흐지부지 끝내 버리는 경우가 발생하게 된다.

긍정측은 '성폭력 범죄자의 전자발찌 착용은 합당하다'는 것에 찬성하는 입장이다. 따라서 왜 이 논제에 대해 찬성하는지를 설득력 있는 근거와 함께 설명해야 한다. 자신의 주장이 타당하다는 것을 입증할 수 있는 각종 증거 자료와 문헌 등을 충분히 준비하여 검증한다. 여기에 유창한 언변, 열의에 찬 화법, 세련된 동작 등을 곁들이면 효과는 더욱 커진다.

부정측 입론　긍정측의 입론이 끝나면 곧바로 부정측이 입론을 시작한다. 부정측의 주장은 '성폭력 범죄자의 전자발찌 착용은 합당하지 않다'이므로 그 이유와 근거를 논리적으로 증명해 보인다. 여기에 논리적 허점이 있어서는 안 된다. 다음에 이어질 반대 신문에서 상대측으로부터 공격을 당하기 때문이다. 긍정측의 주장에 휘둘리지 않으려면 역시 충분한 자료를 준비해 자신의 주장이 정당하다

는 사실을 논증한다. 긍정측의 입론을 먼저 들은 상태이므로, 그에 대한 즉흥적이거나 임기응변적인 변론을 덧붙이는 것이 좋다.

작전 타임 1   부정측의 입론이 끝나면 작전을 짜기 위한 시간을 갖는다. 통상 2~3분이면 족하다. 너무 길게 잡으면 고조된 분위기를 깰 염려가 있다. 작전 내용은 다음에 있을 반대 신문에 대한 대책을 협의하는 일이다. 부정측은 신문 내용을 재확인한다. 긍정측은 신문에 대한 응답 준비를 한다.

작전 타임은 팀 토론일 경우에 한해 진행된다. 1대 1로 진행되는 토론에서는 대부분 생략된다.

부정측 반대 신문   작전 타임이 끝나면 반대 신문에 들어간다. 토론에서 가장 역동적인 단계로 양측의 승부를 가리기 위한 본격적인 논쟁이 벌어진다.

반대 신문은 부정측부터 시작한다. 이때의 15분은 부정측의 긍정측에 대한 일방적인 질문 형식을 취한다. 긍정측은 질문에 대해 정확하고 적절하게 응답하지 않으면 안 된다. 신문의 핵심은 긍정측 입론의 모순점과 문제점을 분명히 밝혀 논증의 불충분함을 도드라지게 하는 것이다. 부정측은 긍정측이 제출한 자료에 문제가 없는지를 추궁한다.

토론의 각 단계에서 이 반대 신문이 가장 까다롭고 어렵다. 아무래도 우리는 질문 공세를 통해 논점을 분명하게 밝혀 나가는 일에 익숙하지 못하기 때문이다. 질문의 취지, 의도, 목표가 명확하지 않아 도대체 무엇에 대한 질문인지 애매모호한 경우가 많다. 답변 역시 마찬가지다. 반대 신문 과정에서는 애매한 질문과 모호한 답변이 지루하게 이어질 수 있다. 그러다가 결국엔 별 성과도 없이 흐지부지 끝나 버린다. 직접 토론에 참가해 본 경험이 있거나, 텔레비전 등을 통해 공

반대 신문에서 가장 중요한 것은 핵심을 공략하는 질문과 상대편의 적절한 대응이다.

개 토론회를 지켜본 적이 있는 사람이라면 십분 공감할 수 있다.

　반대 신문에서 가장 중요한 것은 핵심을 공략하는 질문과 상대편의 적절한 대응이다. 이를 통해 애초에 기대했던 토론의 성과를 거둘 수 있다.

긍정측 반대 신문　부정측의 반대 신문이 끝나고 나면 공격진과 수비진이 바뀐다. 이때 잠시 시간의 공백을 두는 것이 필요하다. 부정측의 신문이 예리해 긍정측이 일방적 수세에 몰렸다가 곧바로 신문에 들어가게 되면 당황하여 신문 준비를 제대로 못 할 수 있기 때문이다.

　잠깐 쉰 다음 이번엔 긍정측이 신문에 나선다. 지금까지 신문당한 경험을 살려 부정측에게 추궁을 시작한다. 팀 토론의 경우, 반대 신문의 줄거리를 작성해 그

에 따른 역할 분담을 미리 해야 한다. 그렇지 않으면 팀의 각 토론자가 여러 방향으로 신문을 벌여 논리의 일관성을 상실하는 결과를 낳을 수 있기 때문이다.

작전 타임 2　두 번째 작전 타임이다. 양측 모두 입론에서 반대 신문까지 진행된 논의에서 잘못된 점이 없었는지 반성하고, 이를 바탕으로 최종 변론을 준비한다. 열세라고 판단되는 경우에는 최종 변론에서 만회하기 위한 작전을 짜게 된다.

부정측 최종 변론　최종 변론은 기사회생起死回生의 기회이다. 지금까지의 논의가 어떠했든 간에 끝까지 최선을 다해 논증에 나서야 한다. 이미 승리했다고 생각하거나 혹은 이미 패배했다고 판단해 약간 불성실한 변론을 벌이는 사람이 있다. 그러나 심판은 때로 예상외의 판정을 내릴 수도 있다는 점을 명심해야 한다. 팀의 토론자 전원이 마지막까지 최선을 다하는 모습을 보이는 것이 중요하다. 임기응변의 부족으로 반대 신문에서 난항을 겪었다면, 이때를 이용해 차분하면서도 정돈된 변론으로 열세를 만회하고 반전을 꾀해 볼 수 있다.

긍정측 최종 변론　해당 토론의 최종 단계이다. 이때 염두에 두어야 할 점은 주어진 시간을 최대한 활용하는 것이다.

입론과 반대 신문에서 이미 거론된 내용이므로 더 이상 설명할 필요가 없다고 속단해 최종 변론을 대부분 생략해 버리고 짧게 끝내는 경우가 종종 있다. 그러나 이것은 잘못된 생각이다. 입론과 거의 동일한 내용을 최종 변론에서 다루어도 상관없다. 의외로 상대측이 앞에서 말한 내용을 기억하지 못하고 있는 경우도 많다. 입론과 동일한 내용이라 해도 중요한 사항이라면 생략해서는 안 된다. 반복의 효과가 있다는 점을 기억하라.

판정　토론이 모두 끝나면 심판에 의한 판정이 실시된다. 심판은 토론에 직접 참가하지 않은 사람으로 구성된다. 판정 항목은 입론, 반대 신문, 최종 변론, 자료, 논리성과 설득력 등으로 각각의 항목에 점수를 매긴 후 합계를 낸다.

강평　판정이 내려진 뒤 전원이 참석한 가운데 평가의 시간을 갖는다. 왜 승리했는가, 무엇 때문에 패배했는가 등을 논의한다. 변론 시의 화법과 태도 등이 어떠했는가, 자료의 출처는 정확한가, 논점은 명확했는가 등에 대해서도 의견을 나눈다.

　강평과 논의가 끝나면 긍정측과 부정측 토론자 전원이 상호 간의 건투를 기념하며 악수를 나눈 뒤에 해산한다. 토론이 진행되는 도중 참가자들의 감정이 격앙되는 경우가 더러 있기 때문에 토론이 끝난 뒤에는 모든 앙금을 깨끗이 씻어 내는 뜻으로 다같이 악수를 나눈다. 토론은 지적知的인 스포츠임을 상기할 필요가 있다.

세다CEDA 토론 형식

세다 토론은 교차 조사식(질문식) 토론이라고도 불리며, 정식 명칭은 'Cross Examination Debate Association'이다. 미국 대학 간 아카데미식 토론 대회에서 널리 쓰이는 방식으로, 논제와 관련된 자료 조사와 제기된 주장을 입증하는 것이 관건이다. 우리나라에서도 학교와 교육청 등의 각종 토론 대회에서 공식 토론 방식으로 채택되어 있다.

세다 토론에서는 교차 조사 과정이 가장 중요하다. 교차 조사는 질문을 통해 상대방의 논리에 나타난 문제점을 부각시키는 신문이다. 즉, 상대방의 첫 입론을 주의 깊게 듣고 그 입론에서 주장된 내용만을 가지고 상대방의 논리의 허점, 오류 등을 부각시켜야 한다. 또한 자기 팀의 주장과 배치되는 부분을 찾아내어 날카로운 질문을 함으로써 토론을 유리하게 이끌어 나가야 한다.

세다 토론의 진행 방법은 긍정측 입론(2분) ➡ 부정측 입론(2분) ➡ 작전 타임(2분) ➡ 부정측 교차 조사(4분) ➡ 긍정측 교차 조사(4분) ➡ 작전 타임(1분) ➡ 긍정측 반박(2분) ➡ 부정측 반박(2분) ➡ 작전 타임(1분) ➡ 부정측 최종 변론(2분) ➡ 긍정측 최종 변론(2분)이다.

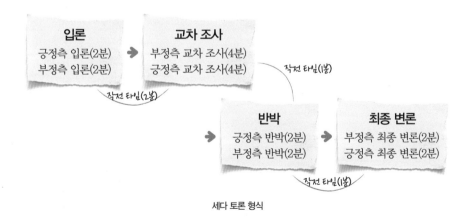

세다 토론 형식

교차 조사는 질문을 통해 상대방의 논리에 나타난 문제점을 부각시키는 신문이다.

　주어진 시간을 효과적으로 배분해 타당한 논거를 바탕으로 자기 팀의 주장을 제시하는 동시에, 효과적인 질문과 반론으로 상대방의 논리를 반박하는 것이 중요하다.

　교차 조사를 할 때 주의할 점은 다음과 같다. 첫째, 상대의 논리적 오류를 도출하기 위해 핵심을 찌르는 질문을 던지되, 말투가 무례해서는 안 된다. 둘째, 질문의 모든 권한이나 답변의 형식을 통제하는 권한을 상대방에게 빼앗기지 말아야 한다. '질문은 교차 조사자인 제가 하겠습니다'라고 과감히 말하고 주도권을 다시 찾아와야 한다. 셋째, 입론에서 나오지 않은 주장에 대해 질문하는 것을 지양_{止揚}해야 한다.

응용형 토론 형식

응용형 토론은 반대 신문을 두 차례 실시하는 방식으로 공격과 수비를 상호 반복하게 된다. 처음 토론을 하는 사람에게는 적당하지 않다. 어느 정도 토론에 익숙해진 단계에서 한층 고조된 논의를 하고자 할 때 주로 이용된다. 만일 1박 2일의 토론 교육이라면 이틀째는 이 형식으로 토론을 진행한다. 그리고 앞에 제시된 표준형 토론 형식은 첫날 모의 토론에서 사용하는 것이 일반적이다.

응용형 토론의 절차와 각 단계별 소요 시간은 다음과 같다.

긍정측 입론(8분) ➜ 부정측 입론(8분) ➜ 작전 타임(1분) ➜ 부정측 반대 신문 1(10분) ➜ 긍정측 반대 신문 1(10분) ➜ 작전 타임(1분) ➜ 부정측 반대 신문 2(8분) ➜ 긍정측 반대 신문 2(8분) ➜ 작전 타임(1분) ➜ 부정측 최종 변론(6분) ➜ 긍정측 최종 변론(6분) ➜ 판정

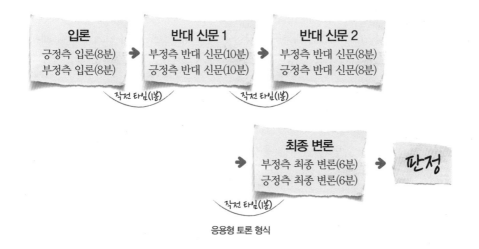

응용형 토론 형식

교육 토론 형식

교육 토론에는 여러 가지 형식이 있다. 대표적으로 전통형 토론과 신문형 토론이 있다. 이 두 가지 형식 모두에 적용되는 공통의 원칙이 있다. 첫째는 양측의 토론 참가자 수가 같을 것, 둘째는 양측의 소요 시간이 균등하게 배분될 것, 셋째는 맨 처음과 맨 나중은 반드시 긍정측이 변론해야 한다는 것이다.

전통형 토론　전통형 토론은 통상 긍정측과 부정측에 각 두 사람씩 소위 2인제를 원칙으로 한다. 3인제도 있으나 미국에서는 2인제를 채택하고 있다. 진행 방법은 긍정측 제1 입론(10분) ➡ 부정측 제1 입론(10분) ➡ 긍정측 제2 입론(10분) ➡ 부정측 제2 입론(10분) ➡ 부정측 제1 반박(5분) ➡ 긍정측 제1 반박(5분) ➡ 부정측 제2 반박(5분) ➡ 긍정측 제2 반박(5분)이다.

신문형 토론　신문형 토론은 본래 고대古代 모의 법정에서 사용되었던 형식으로서 오늘날 미국의 사법기관에서 훈련 프로그램으로 이용하고 있다. 진행 방법은 긍정측 제1 입론(10분) ➡ 부정측 신문(3분) ➡ 부정측 제1 입론(10분) ➡ 긍정측 신문(3분) ➡ 긍정측 제2 입론(10분) ➡ 부정측 신문(3분) ➡ 부정측 제2 입론(10분) ➡ 긍정측 신문(3분) ➡ 부정측 제1 반박(5분) ➡ 긍정측 제1 반박(5분) ➡ 부정측 제2 반박(5분) ➡ 긍정측 제2 반박(5분)이다. 시간 배분은 다소 유연하게 변화를 줄 수 있다.

표준적 형식의 토론을 할 때

■ **입론**

긍정측 : 토론에서는 시간을 엄격히 지켜야 하므로 논리적이면서 간결하게 핵심을 짚어 입론한다. 뒤에 가서 시간이 부족하여 흐지부지하게 끝내지 않도록 주의한다. 논제에 대해 왜 찬성하는지, 찬성하는 근거는 무엇인지에 대해 각종 자료를 활용하여 입증한다.

부정측 : 부정측 입론 역시 충분한 자료를 준비해 주장의 정당성을 논증한다. 논리적 허점을 주의하여 다음에 이어질 반대 신문을 대비한다. 긍정측 입론을 이미 들은 상태이므로 그에 대한 임기응변적인 변론을 덧붙인다.

■ **작전 타임 1** 다음에 있을 반대 신문에 대한 대책을 협의한다. 부정측은 신문할 내용을 재확인하고, 긍정측은 신문에 대한 응답을 준비한다.

■ **반대 신문**

부정측 : 부정측은 반대 신문을 통해 긍정측 입론의 모순점과 문제점을 분명히 밝혀 논증의 불충분함을 부각시킨다. 질문의 취지, 의도, 목표를 명확히 하여 질문이 애매모호하지 않도록 주의한다. 반대 신문에서 가장 중요한 것은 날카로운 질문을 던지고 그에 대응하는 적절한 대답을 하는 것이다.

긍정측 : 긍정측은 반대 신문을 하기 전에 잠깐 시간적인 공백을 갖는다. 부정측의 신문을 받다가 곧바로 시작하게 되면 긍정측 신문을 제대로 못 할 수도 있기 때문이다. 지금까지 신문당한 경험을 살려 부정측을 추궁한다. 팀 토론의 경우 각 토론자가 여러 방향으로 신문을 벌여 논리의 일관성을 상실하지 않도록 각자의 역할 분담을 미리 해 놓는 것이 좋다.

■ **작전 타임 2** 양측 모두 입론에서 반대 신문까지 잘못된 점이 없었는지 반성하고 이를 바탕으로 최종 변론을 준비한다.

■ **최종 변론 (부정측·긍정측)** 이미 승리했다거나 패배했다고 판단해 불성실한 태도를 보이는 것을 주의하고 변론에 최선을 다해 임하도록 한다. 반대 신문에서 난항을 겪었다면 최종 변론을 통해 반전을 꾀해 볼 수 있다. 주어진 시간을 최대한 활용해 이미 거론된 내용이더라도 중요한 사항이라면 생략하지 말아야 한다.

토의와 토론

토론은 영어로 '디베이트Debate'이고, 토의는 '디스커션Discussion'이다. 이 두 용어는 모두 토의, 토론, 의논을 의미한다. 이처럼 용어상으로는 그 차이를 분별하는 것이 쉽지 않다.

하지만 토론과 토의는 말이 다른 만큼 의미하는 내용도 확실히 다르다. 어떤 논제를 둘러싸고 여러 사람이 각자 주장을 내세우며 논쟁하는 것이 토론이고, 어떤 사물에 대해 각자의 의견을 내걸어 검토하고 협의하는 것이 토의다. 외국의 한 토론 교재에서는 '토론은 토의가 끝나는 데서 시작된다'는 말로 토론과 토의의 차이점을 설명하고 있다.

토의와 토론의 차이점을 좀 더 구체적으로 알아보자.

첫째, 토의는 주어진 문제에 대한 의논을 통해 해답을 찾아내는 데 의미가 있다. 반면에 토론은 이미 해답이 나와 있으므로 그것을 설득하는 데 중점을 둔다.

요컨대, 토의는 의논과 회의를 통해 해결책을 찾아내고자 하는 시도이다. 그러나 토론은 자신의 해결책을 상대측과 제삼자에게 납득시키고자 하는 시도이다.

둘째, 토의는 서로 협력해 의논하면서 생각의 폭을 넓혀 나가는 데 반해 토론은 대립을 전제로 자신의 의견을 정면으로 주장한다. 즉 토의는 일종의 집단 사고인 반면, 토론은 의견 대립이 먼저 존재하고, 그 대립을 해결하는 가운데 발전을 꾀하고자 하는 변증법적인 사고방식이다.

셋째, 토의는 자유롭게 의논하고 발언하는 것으로 아무런 제약 조건이 없다. 그러나 토론은 규칙과 절차, 방법 등이 정해져 있어 정해진 토론 규칙에 따라 전개된다.

토의	토론
• 의논을 통해 주어진 문제에 대한 해답을 찾는 데 중점을 둔다.	• 이미 해답이 나와 있으므로 그것을 설득하는 데 중점을 준다.
• 서로 협력해 의논하면서 생각의 폭을 넓혀 나간다.	• 대립을 전제로 자신의 의견을 정면으로 주장한다.
• 자유롭게 의논하고 발언하며 아무런 제약 조건이 없다.	• 규칙과 절차, 방법 등이 정해져 있어 정해진 토론 규칙에 따라야 한다.

여기서 주목할 점은 토론이 대립을 전제로 하여 이루어진다는 사실이다. 이것은 가능한 싸움이나 대립을 피하려고 하는 한국인의 사고방식과는 분명히 거리가 있다.

사전 교섭을 통해 결론을 정해 놓고 본격적인 회의에서는 되도록 의논하는 시간을 줄이려고 하는 모습은 논쟁을 좋아하지 않는 한국인다운 특성이다. 하지만 세계 무대에서는 사전 교섭과 같은 비공개적인 방식은 잘 통하지 않는다. 모든

외교적 협상은 토론의 방식으로 이루어진다. 상대방 앞에서는 웃는 얼굴로 듣기 좋은 소리만 하는 것이 예의인 줄로 알았다가는 낭패를 당하기 십상이다.

이제 우리도 당당하게 토론으로 맞설 수 있는 실력을 키워야 한다. 그러기 위해서는 먼저 건전한 논쟁을 즐길 줄 아는 사회적 분위기를 조성하는 것이 중요하다.

의논과 토론

어떤 문제가 발생하면 흔히 '서로 의논해서 해결하자'는 말을 많이 한다. 한국인은 서로 마음을 터놓고 긍정적인 방향으로 문제를 해결해 나가는 의논 방식을 좋아한다. 하지만 의논은 어디까지나 의논일 뿐 토론이 아니다.

의논에서는 논리적 사고나 표현이 그다지 중요하지 않다. 마음을 터놓는 것이 더 중요하다. 이에 비해 토론은 마음을 터놓든 터놓지 않든 상관없다. 주장하는 것은 사실과 논리일 뿐이다.

토론은 냉정하고 과학적인 성격이 강하기 때문에 인정을 앞세우는 한국적 정서에서는 부정적으로 비춰질 수도 있다. 하지만 합리적 의사 결정이 취약한 우리로서는 토론을 적극 받아들여 최대한 발전시키고 활용할 필요가 있다.

토론이 갖는 최대의 이점은 과학적이라는 데 있다. 토론만큼 과학적인 의사 결정 방식은 흔치 않다. 집단주의에 의존하는 한국인의 의사 결정 방식에서 가장 부족한 부분이 바로 이 과학적 사고이다.

의논의 가장 큰 단점은 과학적 사고가 부족하다는 것이다. 의논은 과학이나 논리, 자료data와 사실보다 의논에 참여하는 사람 간의 정서적 유대가 무엇보다 우선한다. 요컨대, 의논은 폐쇄된 작은 사회에서 주로 채택하는 의사 결정 방식이다. 따라서 그 사회에서만 통용되는 규칙이나 주어진 당시의 분위기 안에서 모든 것이 결정된다. 예를 들어, 한국 기업이 공해나 부정부패 등 사회적 책임에 대한

문제로 자주 골머리를 앓는 것은 그들이 의논을 통한 폐쇄적인 의사 결정을 하기 때문이다. 이때의 의사 결정이 사회 논리나 과학적 판단에 비추어 부당하다 해도 자신들 내부에서 의논을 통해 정한 합의가 무엇보다 우선하는 것이다. 의논에는 이러한 잘못을 방지할 수 있는 장치가 없다.

국가 운영이나 기업 경영에서는 의사 결정이 필요한 사안들이 많이 발생한다. 상호 간의 이해를 넓히기 위한 단순한 의사소통이 아닌 정책 결정에 관련된 의사 결정이라면 토론과 같은 과학적이고 논리적인 방법을 택하는 것이 바람직하다.

최근 여러 매체와 사회 곳곳에서 토론 문화를 접하고는 있지만, 아직까지 많은 사람들이 토론과 의논을 잘 구별하지 못하고 있다. 의논에는 논리적·과학적 사고가 결여되어 있으며, 비논리적인 분위기가 지배적이다. 토론은 그 반대이다. 토론에서는 무책임하게 떠든다거나 사실과 자료의 뒷받침 없이 비논리적·비과학적으로 말하는 일은 허용되지 않는다. 더욱이 토론은 의논과는 달리 공개를 원칙으로 한다. TV 토론회 등이 그 대표적인 사례라고 할 수 있다.

토론을 잘해야 하는 16가지 이유

　토론은 민주 사회의 근간이 되는 합리적 의사 결정을 위한 최선의 수단이다. 정치·경제·사회 문제들에 대한 해결책을 찾기 위한 가장 과학적인 방법이기도 하다. 나아가 토론은 논리적 사고력과 표현력, 비판 정신과 판단력을 키울 수 있는 효과적인 교육 방식이기도 하다. 무엇보다도 토론은 복잡한 이해관계로 얽혀 있는 양측의 갈등을 해소시켜 줄 수 있는 현실적인 의사소통 방식이다. 따라서 토론은 국가, 사회, 기업, 개인 모두에게 필요하다.

　최근 들어 토론에 관심을 갖는 사람이 크게 늘고 있다. 인터넷이라는 도구를 통해 손쉽게 토론의 장을 접할 수 있다는 것이 하나의 주요한 이유가 될 수 있다. 또한 오늘날의 디지털 사회가 냉정하고 신속한 상황 판단과 즉각적 대응을 요구하고 있고, 토론은 이 두 가지 능력을 키우는 데 효과적인 수단이기 때문이다.

사회 참여를 효과적으로 할 수 있다

토론은 민주주의 사회의 가장 중요한 요소이다. 토론에 의해 학습된 건전한 비판 정신, 자기 표현 능력은 민주 시민이 갖추어야 할 매우 유용한 덕목들이다. 자칫 무분별한 감정과 분위기에 휩싸이기 쉬운 민감한 사회 문제들을 토론을 통해 시시비비를 가릴 수 있게 함으로써 사회 구성원 각자가 자기 목소리를 가지고 사회에 참여할 수 있다.

리더십과 문제 해결 능력을 키울 수 있다

합리적으로 문제 해결 방법을 모색하고, 그 해결 방법을 자신 있게 실행하는 능력은 실제 사회 활동에서 매우 유용하다. 미국의 고위 공직자를 대상으로 실시한 어느 설문 조사에 의하면 대다수가 고등학교 또는 대학 시절에 토론 경험을 쌓았고, 학창 시절의 토론 경험이 공직 생활에 매우 큰 도움을 주었다고 응답했다. 이러한 통계들은 토론이 리더십을 향상시키는 데 매우 효과적인 훈련 수단임을 증명해 주고 있다.

리더십과 문제 해결 능력을 반드시 필요로 하는 조직의 리더들은 그 누구보다 토론의 경험을 많이 쌓아야 한다.

언어 표현 능력이 향상된다

토론은 그 자체로서 하나의 언어 활동이자 지적 활동이기 때문에 기대할 수 있는 교육적 효과가 매우 크다. 토론을 통해 우리는 언어 표현 능력과 함께 다양한 논의 방법을 습득할 수 있다. 물론 이것은 한두 번의 토론을 통해 얻을 수 있는 것은 아니다. 토론의 경험이 쌓일 때마다 조금씩 자신의 사고력과 지적 수준

이 향상되는 것을 느낄 수 있다. 더불어 보다 고차원적인 언어 표현 능력을 습득할 수 있게 된다. 토론 문화가 정착된 선진국에서는 이미 토론을 언어 학습을 위한 하나의 수단으로 활용하고 있다.

자료 조사 및 분석 능력이 몸에 밴다

토론을 즐겨하는 사람은 시사 문제에 대한 관심이 매우 높을 뿐만 아니라 현상의 본질을 파악하는 능력이 대단히 탁월하다. 그것은 토론 준비를 위해 관련 분야의 자료들을 철저하게 탐색하고 분석하는 습관이 몸에 배어 있기 때문이다. 토론은 기본적으로 객관적인 자료를 바탕으로 이루어지기 때문에 자료의 조사와 분석은 필수적인 요소이다. 따라서 토론의 준비 과정을 통해 여기저기 흩어져 있는 자료를 모으고, 다양한 자료를 분석해 필요한 내용을 골라내는 능력이 키워질수 있다.

비판적 사고 능력이 연마된다

비판적 사고는 대상을 있는 그대로의 모습으로 바라보는 객관성을 바탕으로, 그 이면까지 간파해 내는 것이다. 어떤 대상을 양쪽 면에서 바라보는 냉정하고 객관적인 판단력은 균형 잡힌 삶을 위해 꼭 필요한 능력이기도 하다. 특히 토론에서는 비판적 안목과 비판 정신이 필수적이다. 이러한 것들이 없다면 올바른 논의를 기대할 수 없을 뿐 아니라 합리적인 문제 해결과 의사 결정을 꾀할 수도 없다. 토론은 서로 대립되는 논리와 관점을 비교·분석하는 과정을 통해 비판적 사고 능력을 연마할 수 있는 기회를 제공한다.

지식 통합 능력을 기를 수 있다

토론자는 논제에 관한 모든 분야의 정보를 이용해야 한다는 점에서 볼 때 종합적 연구자라고 볼 수도 있다. 예를 들어, '최저 임금 인상, 이대로 좋은가?'를 논제로 토론하고자 하면 토론자는 최소한 정치학, 경제학, 사회학, 심리학, 재정학, 경영학, 노사관계론, 역사학, 철학 등의 분야에서 자료와 정보를 수집하지 않으면 안 된다. 토론을 위해서는 또한 서로 다른 분야의 지식들을 통합하여 자신의 목적에 맞는 재료로 재창조할 수 있어야만 한다. 다변화된 현대 사회에서는 전문가 못지않게 각 분야의 지식을 통합할 수 있는 능력을 가진 사람 또한 매우 필요한 실정이다. 토론은 바로 이 지식 통합 능력을 기를 수 있게 해 준다.

역지사지의 원리를 체득할 수 있다

토론은 자신의 주장이 상대의 주장에 비해 탁월하다는 점을 입증해야 하는 과정이다. 그런 점에서 토론만큼 뚜렷한 목적의식을 가지고 행해지는 의사소통 활동도 없을 것이다. 토론에서 이기기 위해서는 수개월에 걸쳐 데이터를 수집하고 분석하여, 완벽한 논리성을 갖추었다 할지라도 다시 한번 상대측의 입장에서 엄격하게 검증해 보아야 한다. 즉 역지사지易地思之의 원리를 잊어서는 안 된다. 토론에는 반드시 자신과 대립된 논점을 가진 상대가 있기 때문이다. 자신의 입장에서만 자료를 수집하고 분석하는 것은 자칫 수개월의 고생을 수포로 돌아가게 할 수 있다. 토론에는 언제나 상대가 있다는 점을 명심하고, 상대의 입장에서 철저하게 논거를 검증해 보아야 한다는 점을 잊지 말아야 한다. 이러한 쌍방향적인 검증 과정을 통해서 다양한 관점을 입체적으로 고찰할 수 있는 균형 잡힌 시각을 키울 수 있다.

다양한 분야의 학습이 가능하다

미국에서는 집단 교육 형태의 하나로 토론 교육을 실시하는 경우가 많다. 하버드 대학에서는 저명한 교수들을 초빙해 학생들과 함께 토론을 벌인다. 이 토론 과정을 텔레비전에서 방영하기도 한다. 한 명의 강사가 다수의 학생 앞에서 일방통행식 강의를 주로 하는 우리 대학 사회에서 한번쯤 고려해 볼 만한 방식이다.

두말할 것도 없이 토론 교육은 학습 효과가 매우 높다. 특히 토론에 참가하는 학생들은 다양한 방면의 지식을 습득할 수 있다. 토론의 특성상 논제에 관련된 여러 학문 분야를 학습하지 않으면 안 되기 때문이다. 이처럼 교육 효과가 높은 프로그램이 우리 대학에서는 왜 이루어지지 않는지 생각해 봐야 할 문제이다.

흑백논리의 함정에서 벗어날 수 있다

논쟁을 잘못 이해하고 있는 사람들이 흔히 빠지기 쉬운 함정이 바로 '흑백논리'이다. 자기 입장을 관철시키기 위해 무리하게 주장을 펼치다 보면 뜻하지 않게 흑백논리에 빠지게 되고, 결국 서로 상대측을 비방하고 공격하는 상황에 놓이게 된다. 하지만 토론은 한 가지 쟁점을 두고 다각도로 투시해 보는 유연한 사고를 필요로 하기 때문에 이러한 폐단을 사전에 방지할 수 있다. 즉, 토론은 다양한 입장과 의견을 두루 살피고 진지하게 생각해 보는 '심사숙고'를 가능하게 해 줌으로써 흑백논리의 함정에서 벗어날 수 있도록 해 준다.

적극적이고 능동적인 자세를 길러 준다

토론은 일종의 스포츠 경기에 비유할 수 있다. 일정한 규칙에 입각하여 경기가 벌어지고 결국에는 양측이 승자와 패자로 엇갈린다. 이기기 위해서는 자신을 지

키는 방법과 상대를 공격하는 방법 모두를 알아야 한다. 스포츠 경기에서와 마찬가지로 토론에서도 때로는 공격이 최대의 방어가 될 수 있다. 자신감을 잃으면 그대로 패배로 이어진다. 토론은 반론이라는 합리적인 과정을 통해 상대를 공격하는 방법을 가르쳐 준다. 이를 통해 결국에는 적극적이고 능동적인 자세를 기를 수 있다.

데일 카네기Dale Carnegie의 일화는 그 좋은 사례이다. 카네기는 어렸을 때 적면공포증赤面恐怖症을 갖고 있었다. 많은 사람들 앞에 서면 자신도 모르게 얼굴이 빨개지면서 몸이 움츠러드는 소극적인 아이였던 것이다. 그런 아들에게 어머니는 다름 아닌 토론을 가르쳤다. 토론을 통해 점차 적극적이고 능동적인 자세를 배울 수 있었던 카네기는 마침내 어떤 상대에게도 밀리지 않는 스피치speech의 대가로 성장했다. 대개는 스피치 요령을 먼저 배운 다음 토론을 학습하는 것이 정석인데, 카네기의 어머니는 스피치 기법보다는 자신감과 용기를 키우는 것이 첫 번째 문제라고 판단하고 토론을 먼저 배우도록 한 것이다.

발표 능력이 향상된다

카네기가 토론을 통해 배운 것은 용기만이 아니었다. 그는 훈련을 통해 자신의 생각을 체계적으로 정리하여 조리에 맞게 발표하는 능력까지도 습득할 수 있었다. 뛰어난 언변과 세련된 제스처를 갖고 있어서 많은 사람들 앞에서 말을 하는 것에 자신이 있는 사람이라 하더라도 말할 내용을 짜임새 있게 구성하여 전달하는 능력은 부족한 경우가 많다. 아무리 스피치 기법이 화려하다 해도 그 내용이 논리적이지 못하다면 좋은 결과가 나올 수 없다.

토론은 발표할 내용을 효과적으로 전달하기 위한 훈련에 더없이 요긴한 방편이다. 발표 내용을 논리적으로 구성하는 일이야말로 토론의 기본 중에 기본이기 때

문이다. 따라서 앞으로 스피치 교육에서 토론이 차지하는 비중이 더욱더 커질 것
이다.

경쟁의 원칙을 배울 수 있다

토론에는 항상 승부가 따르기 마련이다. 어떤 바둑의 고수가 '승부의 균형을 취
하라'는 말을 했는데, 의미심장한 내용을 함축적으로 잘 표현하고 있다. 토론에도
이 정신이 그대로 통용된다. 즉 절대로 패하고 싶지 않다면 강수의 상대를 피해
야 한다. 하지만 승부를 떠나 진정한 실력을 키우고 싶다면 자기보다 상수의 토
론자에게 배워야 한다. 그러기 위해서는 패했다고 해서 좌절하지 않고, 승리했다
고 해서 교만하지 않는 성숙한 자세를 지니고 있어야 한다.

패배를 깨끗이 인정하고 상대의 기량에 탄복하는 마음의 여유를 누구나 쉽게
가질 수는 없다. 무조건 싸움을 피하는 것도 문제이지만 싸움의 결과에 연연하는
것도 성숙하지 못한 자세임에 틀림없다. 정정당당하게 대결을 펼치고 그 결과에
승복할 줄 아는 올바른 경쟁의 원칙을 토론을 통해 배울 수 있다.

임기응변의 능력이 배양된다

토론은 마냥 지루하게 공방하는 말싸움이 아니다. 제한된 시간 안에 펼쳐지는
논리 게임이다. 따라서 토론에서는 '잠깐 기다려 주십시오', '의견을 조정한 후에
말씀드리겠습니다', '질문하신 내용에 응답하겠습니다'와 같은 대꾸는 적절하지
않다. 한발 뒤로 물러서는 듯한 인상만 줄 뿐이다. 상대측으로부터 계속해서 반
대 신문을 받으면 당황하거나 화를 내느라 제대로 답변을 하지 못하는 경우가 많
다. 미처 예상하지 못했던 질문을 받았을 때에는 그 정도가 더욱 심각해진다.

각자의 이해관계를 위해 한 치의 양보도 없이 첨예하게 대립하는 토론에서 승

리하려면 상대측의 어떠한 신문에도 즉각적으로 대응할 수 있는 임기응변에 능해야 한다. 반대편의 신문에 대응하는 훈련을 계속하다 보면 임기응변과 함께 순발력도 배양된다.

비판적 경청력이 향상된다

상대측의 발언을 비판적으로 들을 수 있는 능력을 키우는 것은 토론에서 매우 중요한 일이다. '비판한다'는 말 속에는 비난한다는 의미도 어느 정도 들어 있지만, 그 주된 의미는 옳고 그름을 판단한다는 것이다. 대부분의 사람들이 남의 말을 듣는 데에 무슨 기술이 필요하냐는 질문을 많이 한다. 하지만 실제로는 듣고 있으면서도 듣고 있지 않은 것이나 마찬가지인 경우가 많다. 즉 듣기는 듣되 그 의미를 제대로 파악하지 못하면서 듣는다. 영어에서도 '리스닝listening'과 '히어링hearing'의 뜻은 엄연히 구분된다. 전자는 주의를 집중해 듣는 것이고, 후자는 단지 소리를 감지하는 것뿐이다. 말을 잘하기 위해서는 먼저 잘 듣는 것이 중요하다. 토론에서도 상대의 허점을 공격하거나 상대의 공격에 대한 방어를 하기 위해서는 상대의 이야기를 비판적으로 경청하는 것이 매우 중요하다.

외국의 기자들은 남의 이야기를 들을 때 진지하게 경청하는 자세가 몸에 배어 있다. 따라서 그들은 상대의 이야기가 끝나기 무섭게 즉각 질문 공세를 퍼붓는다. 남의 이야기를 적극적으로 경청하는 훈련을 할 때 토론은 가장 효과적인 방법의 하나다.

남의 이야기를 적극적으로 경청하는 훈련을 할 때 토론은 가장 효과적인 방법의 하나다.

인간관계에 대한 이해를 넓힐 수 있다

연설이 개인 경기라면 토론은 단체 경기다. 본래 토론은 '1대 1', 혹은 '2대 2'의 대결 형식을 취하는 경우가 보통이다. 3인제, 5인제도 가능하나 그것은 변칙 토론에 속한다. 어쨌든 토론은 팀워크에 의해 진행된다. 토론에 함께 참여하고 있는 사람에 대한 이해가 없이는 토론 자체가 불가능하다. 이런 이유로 인해 우리는 토론을 통해 인간관계에 대한 이해의 폭을 넓힐 수 있다. 토론의 여러 가지 형식과 규칙을 통해 인간관계의 현장을 수없이 반복 경험함으로써 삶의 지혜를 깨닫게 된다.

교섭 능력이 향상된다

교섭 능력의 향상도 토론을 통해 얻을 수 있는 중요한 성과의 하나다. 교섭 능력이 미숙하면 예상 밖의 질문을 받고 말문이 막히기 쉽다. 그러나 토론을 통해 반대 신문에 익숙해지면 교섭이 한결 수월해진다. 특히 복잡한 이해관계로 얽혀 있는 비즈니스 현장에서, 교섭을 자기측에 보다 유리하게 이끌 수 있는 능력을 갖게 된다. 특히 선제공격을 가해 상대편의 허를 찌른다는 발상은 토론의 반대 신문과 일맥상통한다.

이처럼 토론을 통해 얻을 수 있는 부수적인 효과는 무수히 많다. 우리는 토론을 통해 적극적으로 발언하고 논의에 참가하면서 진취적인 행동을 취할 수 있게 된다. 특히 경영자와 관리자 등 리더의 위치에 있는 사람에게는 토론 능력이 필수적이다.

설득력 있는 연설과 대화는 지도자의 자질 가운데 매우 중요한 요건이다. 만약 윗사람이 지시를 내리면서 작은 목소리로 우물쭈물 말한다면 부하로부터 존경을 받기는커녕 무시를 당할 수 있다. 동서고금을 통해서 볼 때 지도자로서 변론 능력이 없는 사람은 거의 없었으며, 유능한 지도자는 거의 예외 없이 명변론가였다.

토론을 잘해야 하는 16가지 이유

- 사회 참여를 효과적으로 할 수 있다.
- 언어 표현 능력이 향상된다.
- 비판적 사고 능력이 연마된다.
- 역지사지의 원리를 체득할 수 있다.
- 흑백논리의 함정에서 벗어날 수 있다.
- 발표 능력이 향상된다.
- 임기응변 능력이 배양된다.
- 인간관계에 대한 이해를 넓힐 수 있다.

- 리더십과 문제 해결 능력을 키울 수 있다.
- 자료 조사 및 분석 능력이 몸에 밴다.
- 지식 통합 능력을 기를 수 있다.
- 다양한 분야의 학습이 가능하다.
- 적극적이고 능동적인 자세를 길러 준다.
- 경쟁의 원칙을 배울 수 있다.
- 비판적 경청력이 향상된다.
- 교섭 능력이 향상된다.

토론의 TIP

+ 토론 참가자의 예의

토론에 출석하기 전에

- 정시 전에 토론에 출석한다.
- 출석 전에 논제에 대한 검토를 충실히 하고 자기가 발언할 것을 정리해 놓는다.
- 미리 배포된 자료는 반드시 검토한다.
- 토론에 출석한 동안 개인적 용건, 방문객, 전화 등의 처리를 미리 남에게 맡긴다.

토론 진행 중에

- 정해진 규칙에 따른다.
- 토론에 적극적으로 참여한다.
- 논제와 토론 목적을 잘 이해한다.
- 감정적인 충동을 억제한다.
- 다른 참가자의 발언을 경청한다.
- 참가자의 역할을 충실하게 수행한다.
- 토론 결론에 승복한다.

토론이 끝난 후에

- 결론을 돌이켜 본다. 그리고 자기가 꼭 해야 할 사항의 실천 계획을 세운다.
- 토론 참가자로서 자신의 행동을 반성한다.
- 토론 경과와 결론 등의 기록을 정리해 둔다.

토론 참가자가 하지 말아야 할 행동

- 발언 시간을 지키지 않는다.
- 공격적인 발언을 한다.
- 다른 참가자를 인격적으로 비난하는 행동을 한다.
- 경솔하게 발언한다.
- 품위 없는 행동을 한다.(예 : 다리 떨기, 코 후비기 등)
- 토론에 집중하지 않는다.(예 : 하품하기, 졸기 등)
- 함부로 자리에서 일어난다.

토론의 판정

토론 후에는 판정이 꼭 뒤따라야 한다. 토론의 판정에는 다양한 방식이 있으나 가장 대표적인 것은 다음과 같다.

단수 심사

한 사람이 토론을 판정하는 방식이다. 토론의 원칙을 이해하고 토론을 분석할 줄 알며 토론자를 비판할 능력이 있는 사람이 심사 위원을 담당한다.

복수 심사

보통 3명의 심사 위원이 복수 심사에 임한다. 다른 심사 위원과 의견을 조율할 줄 아는 사람이어야 한다.

청중 심사

토론자의 장점과 논제의 중요성을 청중에게 확신시키기 위해서는 투표에 의한 청중 심사가 바람직하다. 소수이면 거수로, 다수이면 투표로 할 수 있다.

청중 심사 투표 용지의 예

논제의 중요성에 대한 개인적 편견이 없이, 우수한 토론의 중요한 요소인 ①입론에서의 우수한 논거 확립 ②효과적인 반박 ③강력한 토론 및 토론 기술 등을 기초로 볼 때 (긍정측 / 부정측)이 더 훌륭한 토론을 했다고 생각한다.

성명 (   )

더 알아보기

<table>
<tr><td>

토의
Discussion

</td><td>

토의는 어떤 사안에 대해 서로 의견을 내어 검토하고 협의하는 의사소통의 형식이다. 최선의 해결책이나 합의를 이끌어 내기 위해 서로 협력하며 대화를 하는 토의에서는 참가자들이 자유롭게 의견을 나눌 수 있으며, 규칙이 엄격하지 않다.

</td></tr>
</table>

| 원탁 토의 |

원탁 토의round-table discussion는 단일 사회자가 진행하는 소규모의 토의 방식이다. 되도록 참가자들이 둥글게 모여 앉는 것이 중요하다. 집단 토의에서는 규모가 작은 집단이 더 효과적이다. 학급 토의의 분위기가 원탁 토의와 매우 흡사하다. 학급 토의는 다만 학급 규모가 크고 선생님이 주로 사회자가 되기 때문에 작은 규모의 집단보다 다소 자유로운 분위기가 감소될 수 있다. 학급 토의에서 선생님은 다른 경우의 사회자보다 더 자주 발언한다. 토의 방향을 제시하고, 학생의 실수를 지적하며, 새로운 방향을 따르도록 자극하는 임무를 맡는다.

공동 사회에서 의사 결정은 대부분 원탁 토의로 이루어진다. 예를 들면, 학교 재단 이사회, 지역 사회 복지 위원회, 단체장 협의회, 국내외 각급 위원회를 떠올려 볼 수 있다. 문제 해결의 의사 결정을 위해 대규모 집회를 소집하거나 투표권자를 불러 모으기도 하지만, 주요 문제의 해결 방안은 대체로 원탁 주위에서 이루어진다.

| 포럼 |

포럼forum은 1~3인 정도의 전문가가 10~20분 동안 공개적인 연설을 한 후, 이를 중심으로 청중이 직접 토의에 참가하여 연설자에게 질의를 하거나 받을 수 있다는 점이 특징이다. 포럼은 많은 규칙이 필요 없고 많은 제한이 따르지 않는 단일 사회자 토의이다. 최선의 경우에는 집단 토의가, 최악의 경우에는 장광설長廣舌의 장이 되기 쉽다. 가치 있는 정보를 가진 사람이 의제議題에 대해 몇 가지 의견을 발표하고 결론을 내리면 참가자들의 질의응답이 이어진다. 발언자 외에 사회자가 있으므로 그는 사회자가 토의를 진행하는 동

안 자리에 앉아 있게 된다. 포럼은 일반적으로 집단 토의를 말한다. 그리고 청중이 함께 참여하므로 공중 토의의 성격을 갖는다.

이 같은 회합식 토의는 발언자와 토의자의 일방적인 진행으로 이루어지지 않는다. 따라서 다른 어떤 토의 형식보다 민주적이다. 모든 의견을 집단에서 끌어낼 수 있다. 그러나 토의 집단의 규모가 커서 토의 진행 시에 이따금 참가자의 주의가 산만해지기 쉽다. 토의 준비가 세부적인 데까지 미치지 않아 다수의 참가자가 발언을 기피하는 반면, 소수의 참가자만이 토의에 적극적으로 참여한다. 토의의 성과는 집단의 관심과 반응을 잘 끌어내고, 논쟁을 억제하며, 의제를 적절히 다루어 나가는 사회자의 능력에 달려 있다.

| 심포지엄과 패널 토의 |

심포지엄symposium과 패널 토의panel discussion는 그 구조가 매우 유사하다. 심포지엄은 특정한 주제에 대해 그 분야의 전문가 3~6명이 강연식으로 발표하고, 그 후에 청중은 질의응답을 통해 토의에 참가하는 학술적인 토의 형식이다. 패널 토의는 제각기 다른 의견을 가진 대표 몇 사람이 선발되어 공개 석상에서 사회자의 통제 아래 토의하면서 청중으로부터 질문을 받는 토의 형식이다. 두 방식 모두 사회자에 의한 토의 형식이나, '다수의 발언자 형식'이 '사회자 형식'보다 더 정확한 표현이라고 할 수 있다.

패널 토의보다 오래된 심포지엄이 더 형식적이다. 심포지엄은 준비된 연설의 연속으로 진행되며, 깊이 생각한 계획을 실시하도록 강조한다. 패널 토의는 더 융통성이 있으며, 규모가 큰 청중 앞에서 원탁 토의식으로 진행된다. 패널 토의가 심포지엄과 다른 점은 의견 발표의 비형식성과 청중 참여에 있다. 심포지엄은 끝날 무렵에 청중이 참여하는 경우가 있으나 대개 생략된다.

패널 토의와 심포지엄의 중요한 기능은 정보를 제공하고, 문제의 성격을 밝히고, 사고를 자극하고, 토의를 유발시키는 것이다. 이 점은 다른 토의 유형에서 찾기가 힘들다. '백지장도 맞들면 낫다'는 말처럼 어떤 문제를 모든 국면에서 파헤치는 일은 한 개인보다 패널이 더 철저하게 해낼 수 있다. 우리는 의견을 강요당하는 것을 싫어하는 대신 여러 의견을 듣는 것을 좋아한다. 또한 협동적인 사고에 깃들인 민주적 정신을 좋아한다. 이 같은 이유로 패널 토의가 인기를 누리게 되고 강점을 지니게 된다.

PART 2

토론의
기본익히기

토론의 기본은 듣기와 말하기다
먼저 제대로 듣는 법부터 익혀라
효과적인 말하기는 철저한 준비를 필요로 한다

남과 토론할 때 화를 낸다면 진리를 위하여
다투는 것이 아니라 자기 자신을 위하여 다투는 것이다.

Thomas Carlyle

토론의 기본은 듣기와 말하기다

이 장은 실전에 들어가기에 앞서 워밍업을 하기 위한 순서를 다루고 있다. 토론의 워밍업은 기본적으로 '듣기'와 '말하기'로 구성된다. 그것은 토론이 언어적 의사소통이며, 언어적 의사소통의 기본은 듣기와 말하기이기 때문이다.

사람은 매순간 다른 사람과 의사소통을 하며 살아간다. 의사소통이란 두 사람 이상이 서로 자신의 생각이나 느낌, 정보 등을 주고받는 행위를 말한다.

의사소통은 기본적으로 세 가지 요소로 구성된다. 전달하는 사람인 송신자, 전달받는 사람인 수신자, 그리고 두 사람 사이에서 의사소통을 위해 사용되는 기호 체계가 그것이다. 여기서 기호 체계란 송신자와 수신자가 서로 공유하는 의사소통의 수단을 말한다.

의사소통의 수단 가운데 가장 대표적인 것이 바로 '언어'이다. 물론 언어 외에 표정이나 몸짓, 시각적인 기호, 음향 같은 것들도 의사소통의 수단으로 이용된다. 하지만 그런 것들은 인간의 복합적인 사고를 표현하는 데 한계가 많다.

언어도 추상적인 기호 체계의 하나이므로 인간의 사고를 완전하게 드러낼 수 있는 것은 아니다. 하지만 지금까지 인간이 개발하고 발전시켜 온 의사소통 수단 가운데 언어만큼 편리한 것이 없고, 또한 언어만큼 인간 활동에 기여할 수 있는 것도 없다. 그런 점에서 언어는 인간에게 가장 보편적인 의사소통 수단이다.

토론은 회의, 대화, 의논 등과 더불어 언어를 이용한 의사소통, 즉 '언어적 의사소통'의 대표적인 방법이다.

토론은 기본기가 중요하다

언어라는 기호 체계는 음성 언어(말)와 시각적 기호인 문자 언어(글)를 포괄한다. 사람은 평균적으로 깨어 있는 시간의 25%를 언어 활동에 쓴다. 그중 25%는 읽고 쓰는 데 사용하고, 75%는 말하기와 듣기에 사용한다.

이처럼 언어를 통한 의사소통에서 가장 기본이 되는 것은 말하기와 듣기이다. 말하기는 화자가 자신의 생각이나 느낌을 단어나 문장으로 음성화하는 과정이고, 듣기는 청자가 음성화된 단어나 문장을 듣고 그것을 다시 자신의 생각이나 느낌으로 바꾸어 간직하는 과정이다.

다시 말해, 말하기는 화자가 청자를 향해 자신의 개념, 감정, 의도 등을 이해시키기 위해 언어화하는 과정이라면, 듣기는 청자가 화자의 말을 통해서 그가 전달하고자 하는 개념, 감정, 의도 등을 재구성하는 과정이다. 그러므로 말하기와 듣기의 과정에는 표현하고 이해해야 할 '내용'과 이를 처리하는 '방법'이 함께 관여하게 된다.

음성 언어를 통한 의사소통의 효과적인 방법을 화법 또는 스피치라고 한다. 스피치는 의사소통을 위한 말하기와 듣기의 방법과 체계를 포괄적으로 표현하는 말이다.

의사소통을 원활하게 하기 위해서는 화자는 청자가 잘 알아듣도록 효과적으로 말해야 하고, 청자 또한 화자의 말을 이해하려고 노력하면서 들어야 한다. 화자는 화제의 선정과 말하기의 목적을 분명하게 해야 한다. 또한 정확한 발음, 적절한 어휘 선택, 명료한 의미 구조 등에 신경을 써야 한다. 역으로 청자는 화자의 언어 표현에 유의하면서 그의 말을 온전하게 파악할 수 있어야 한다. 토론 역시 언어적 의사소통의 한 가지 형태이기 때문에 기본은 듣기와 말하기이다. 따라서 토론을 잘하기 위해서는 우선 '듣기'와 '말하기'의 기술에 대해 먼저 배우고 익혀야 한다.

이 세상에 저절로 얻어지는 것은 단 한 가지도 없다. '말재주'도 타고나는 것이 아니라 부단한 연습을 통해 얻어진다. 토론의 기술도 마찬가지다. 제아무리 온갖 지식으로 무장한 사람이라도, 제아무리 뛰어난 말재주를 지닌 사람이라 하더라도 반드시 토론을 잘할 것이라는 보장은 없다. 따라서 기본기부터 착실하게 다져 나가고 꾸준한 연습을 하는 사람만이 진짜 토론의 명수가 될 수 있다.

기본기 다지는 4가지 방법

듣기와 말하기를 훈련할 때 가장 중요한 것은 어떤 상황에서도 능동적으로 대처할 수 있는 능력을 쌓는 일이다. 그것은 단순한 스피치 기술만으로는 해결되지 않는다. 평소 바람직한 언어 습관과 태도를 형성해야 한다.

말하기와 듣기의 바람직한 습관과 태도는 다음과 같다.

말하기와 듣기에 적극적으로 참여한다 일상생활에서 접하는 여러 상황에서 말하기와 듣기에 적극적으로 참여하는 태도가 필요하다. 어떤 상황에서도 자기 의견을 정확하게 전달할 수 있어야 하고, 또한 남의 의견을 겸허하게 수용하여 새

로운 의견을 창출할 수 있어야 한다.

말하기와 듣기에 적극적으로 참여하려면 능동적인 사고, 창의적인 사고를 할 수 있어야 한다. 모든 의견을 수용하려는 개방적 자세와 문제를 합리적으로 처리하려는 적극적인 태도를 취할 때 우리는 자연스럽게 능동적이고 창의적인 사고를 할 수 있게 된다.

자기가 한 말에 책임을 진다　말하기에 적극적으로 참여하면서 동시에 자기가 한 말에 대해 책임지는 태도를 지녀야 한다. 말은 입에서 나오지만, 그 말의 내용과 형식은 인격에서 우러나와야 한다. 깊이 생각하고 신중하게 말하되, 일단 말한 것에 대해서는 책임을 지고 실행하는 태도를 지녀야 한다. 자기 언행에 책임을 지지 않는 사람은 어떤 말을 해도 신뢰를 받을 수 없으며, 신뢰감이 결여된 상태에서는 원만한 의사소통이 이루어질 수 없다.

말의 내용을 비판적으로 수용한다　남의 말을 귀 기울여 잘 들으면서 동시에 그 내용을 비판적으로 수용할 수 있어야 한다. 말하는 내용이 주제에 합당한가, 논리적으로 타당한가, 진실성이 있는가, 실현 가능한 것인가, 그보다 더 좋은 의견은 없는가 등을 따져 가며 들어야 한다. 모든 사람이 다 정확한 정보, 적정량의 정보, 새로운 정보를 제공하는 것은 아니다. 또한 건설적인 의견, 실현 가능한 의견, 최선의 의견을 개진하는 것도 아니다. 따라서 남의 말을 들을 때는 그 내용을 선택적이면서 비판적으로 수용할 줄 알아야 한다.

상대의 입장과 의견을 존중한다　말하기와 듣기에 참여하는 사람은 상대의 입장과 의견을 존중하는 태도를 지녀야 한다. 의사소통을 원활히 하고 최선의 결론

에 도달하려면 참여자 누구나 자기 의견을 자유롭게 표현할 수 있어야 하고, 동등하게 의견들을 존중해야 한다. 상대의 입장과 의견을 존중하는 태도는 민주주의적 사고방식과 태도에서 길러진다. 의사 결정에 참여하는 사람 모두가 동등한 자격을 가지고 동등한 권리를 행사하고, 일단 결정된 사안에 대해서는 다 같이 승복하는 의무를 지니는 것이 민주주의적 방법이자 태도이다.

먼저 제대로 듣는 법부터 익혀라

의사소통의 절반은 듣기다

흔히 효과적인 의사소통을 위해서는 우선 '말하는' 능력을 길러야 한다고 생각한다. 그러나 효과적인 의사소통은 제대로 '듣는' 능력을 키우는 데서 출발한다. 적어도 듣기는 말하기와 함께 의사소통의 절반을 이룬다.

사람은 누구나 듣기를 통해 세상을 배운다. 우리가 새로운 정보나 지식을 얻고 세계와 인간을 알게 되는 것은 무엇보다도 듣기를 통해서다. 세상에 보석 같은 지혜의 말은 그리 많지 않으며, 그런 말들을 하는 것 역시 쉽지 않은 일이다. 그러나 그 말들을 누구나 경청할 수는 있다. 실제로 듣기는 우리의 언어생활에서 큰 비중을 차지한다. 우리는 일상생활에서 이루어지는 수많은 대화, 연설, 토의, 토론, 회의 등을 통해 또는 일방적으로 우리에게 쏟아지는 온갖 방송 매체를 통해 수많은 정보와 지식을 흡수한다.

듣기 45% ➡ 말하기 30% ➡ 읽기 16% ➡ 쓰기 9%

미국의 한 연구 조사에 따르면 우리의 언어생활에서 쓰기가 차지하는 비중은 9%, 읽기가 16%, 말하기가 30%이며, 듣기는 무려 45%에 이른다고 한다. 언어생활에서 차지하는 듣기의 중요성을 새삼 확인할 수 있다. 우리의 하루를 곰곰이 되돌아보면 충분히 수긍할 수 있다.

제대로 듣지 못하면 올바로 말할 수 없다

이처럼 듣기는 말하기와 짝을 이루어 의사소통에서 큰 비중을 차지하는 중요한 언어활동이다. 말하기는 듣기를 전제로 한 활동이며, 듣기는 말하기에 부응하는 활동이다.

보통 말하기와 듣기는 쌍방향적이고 순환적으로 이루어지지만, 때로는 일방적인 행위로 그치는 경우도 있다. 앞의 경우에 해당하는 대표적인 형식이 대화이고, 뒤의 경우에 속하는 대표적인 형식이 바로 연설이다.

그러나 어떤 형식이든 언어적 의사소통에서는 기본적으로 말하는 사람(화자)과 듣는 사람(청자)이 반드시 있게 마련이다. 때로는 화자가 독백을 하는 경우도 있지만, 엄격하게 따지면 이것도 화자가 자신을 청자로 삼아 이루어지는 행위이다. 결국 듣기가 없다면 의사소통은 성립될 수가 없다.

토론에서도 듣기는 매우 중요하다. 토론은 자신의 주장을 일방적으로 전달하는 웅변이나 연설이 아니다. 토론은 자신과 상반된 견해를 가진 상대측 의견을 올바로 경청함으로써 논리적 허점을 찾아내 반박하는 과정으로 이루어지기 때문에 '듣기'가 무엇보다 중요하다.

듣기는 말하기와 짝을 이루어 의사소통에서 큰 비중을 차지하는 중요한 언어활동이다.

언어생활에서 듣기가 이처럼 중요한데도 듣기에 대한 관심과 연구는 말하기에 대한 관심이나 연구에 비해 턱없이 부족하다. 듣기의 과정을 밝히는 작업이 말하기의 과정을 밝히는 작업보다 훨씬 어려운 일이기 때문이다.

듣기의 과정은 세계와 대상을 이해하는 고도로 복잡한 과정이다. 듣기 행위는 객관을 주관화함으로써 이루어지기 때문에 그 과정을 정확히 밝히기는 쉽지 않다. 인지과학 등의 분야에서 실험을 통해 이 과정을 밝히려는 시도를 하고 있지만 아직까지는 극히 일부분만이 밝혀진 상태다.

이에 비해 말하기 행위는 자기를 객관적으로 표현하는 과정이다. 따라서 객관화되어 나타난 말의 내용을 분석함으로써 그 과정을 비교적 구체적으로 밝힐 수

있다.

또한 듣기 능력의 습득에 대한 오랜 편견도 듣기를 무시하는 결과를 초래했다. 오래전부터 듣기 능력이란 사람이 성장하면서 자연스럽게 '습득'할 수 있는 것으로 간주되어 듣기 학습을 등한시하는 경향이 있었다. 습득이란 성숙과 마찬가지로 굳이 특별한 훈련이나 학습을 거치지 않아도 시간이 지나감에 따라 자연스레 획득되는 것을 가리킨다.

그러나 아동의 언어 발달 과정을 살펴보면 사실은 전혀 그렇지 않음을 알 수 있다. 말하기, 듣기, 읽기, 쓰기 같은 인간의 의사소통 기능들은 저절로 얻어지는 것이 아니라 의도된 환경과 훈련 속에서 키워지는 것이다.

제대로 읽지 못하면 쓰기 능력 또한 완전해지지 못하는 것처럼, 제대로 듣지 못하면 올바로 말하기도 어렵다. 의사소통 능력의 학습은 먼저 귀를 기울이는 법을 배우는 것으로부터 시작된다. 듣기 능력은 꾸준한 훈련에 의해 향상시킬 수 있음을 잊지 말아야 한다.

듣는 동안의 여유 시간을 잘 활용해야 한다

일반적으로 이야기를 들을 때 정신을 집중하는 것은 쉽지 않다. 그것은 이야기하는 것보다 생각하는 쪽이 훨씬 속도가 빠르기 때문이다.

사람은 평균적으로 1분에 125개의 단어를 말한다. 그러나 두뇌는 이보다 빠른 속도로 더 많은 단어를 취급하는데, 보통 1분에 1,200개의 단어를 읽고 내용을 이해할 수 있다. 기계적으로 압축된 빠른 속도의 스피치를 여러 차례 사람들에게 들려주는 실험을 한 결과, 보통의 정상적 스피치보다 4~5배 빠른 속도로 들려줘도 청자가 내용을 효과적으로 청취할 수 있었다.

또한 사람은 듣는 동안에도 빠른 속도의 사고를 계속하며 청취하는 내용과 함

께 수백 개의 다른 착상을 한다. 예를 들어 보자. 식당에서 음식을 먹으며 친구이야기에 귀를 기울이고 있다. 친구는 직장에서 겪은 일에 대해 이야기한다. 우리는 흥미진진해하면서 그 이야기를 하나도 빼놓지 않고 들으려고 귀를 기울인다. 그런데 잠깐 딴생각을 하거나 다른 데 주의를 두어도 친구 이야기의 줄거리를 따라가거나 이해하는 데 별 무리가 없음을 깨닫게 된다.

상대가 말하는 속도에 따라 우리는 그가 말하는 한 마디의 말, 어절과 어구, 문장의 중간중간에 여러 가지 생각을 삽입하며 동시에 상대편 이야기를 이해할 수 있다. 즉, 상대 이야기에 귀를 기울이고 있는가 하면 자기 생각을 하고 또 상대이야기에 귀를 돌린다.

그러나 상대 이야기에서 주의를 떼고 자기 생각을 하는 것은 위험하다. 자칫 자기 생각에 사로잡힐 우려가 있기 때문이다. 우리들 대부분은 이처럼 청자로서 주의를 충분히 기울이지 않으면 듣기에 분열이 생긴다. 이러한 듣기의 나쁜 습관은 듣는 동안 생기는 여유 시간을 어떻게 활용하느냐에 따라 고칠 수 있다.

듣기의 능수가 되기 위해서는 들을 때의 여유 시간을 어떻게 쓸 것인가를 알아두는 일이 중요하다. 이 시간을 효과적으로 쓰려면 어떻게 해야 할까. 이를 분명히 알아보기 위해 사람들의 듣기 습관을 중점적으로 따져 볼 필요가 있다. 특히좋은 청법을 쓸 때 어떤 일이 생기는가를 알아보자. 훌륭한 청자는 끊임없이 네가지 정신 활동을 한다. 모두 상대 이야기에 밀접하게 관련된 것이고 이야기와함께 진전된다. 네 가지 정신 활동은 청법이 이상적일 때 완전한 조화가 이루어진다. 바로 이때 이야기를 통해 수용되는 메시지에 생각이 집중되고 청자가 이야기에서 주의를 돌려 자기 생각에 빠지는 시간을 최소화한다.

청자가 화자의 이야기를 수용할 뿐 아니라 충분히 이해하고자 할 때 작용하는네 가지 심리적 과정은 다음과 같다.

첫째, 청자는 화자에 앞질러 이야기가 어떤 방향으로 나가는가, 이야기에서 어떤 결론이 도출되는가를 지레짐작한다.

둘째, 청자는 화자가 논점을 보강하기 위해 인용한 예시를 평가한다.

셋째, 때때로 청자는 그때까지의 이야기 내용을 되짚어 본다.

넷째, 이야기 전체를 통해 청자는 언어로 표현되지 않은 의미를 찾아 감추어진 내용이 없는가를 탐색한다.

말하는 속도와 생각하는 속도의 차이를 고려하면, 귀를 기울이는 동시에 앞에 말한 네 가지 심리 과정을 충분히 거칠 수 있음을 알게 된다.

듣기는 의미를 이해하는 과정이다

듣기의 과정이란 곧 의미를 이해하는 과정이다. 청자는 화자가 말하는 소리를 잘 듣고 그가 전하려는 의미가 무엇인지 찾아내 재구성하려고 한다. 대화에서든, 토의에서든, 토론에서든 상대방의 말을 제대로 이해하기 위해서는 먼저 제대로 들어야 한다. 듣기 능력을 향상시키기 위해서는 듣기의 과정을 올바로 이해하고 실제 상황에서 이를 유념하면서 잘 듣는 훈련을 해야 한다.

청자는 일차적으로 화자가 말하는 단어나 문장을 듣지만, 그것들 하나하나를 기억하기보다는 그것들이 전달하고자 하는 전체적인 의미를 기억하려고 노력한다. 하나의 이야기를 청자에게 들려준 다음 그 이야기를 재생해 보는 실험을 하면 이런 사실을 쉽게 확인할 수 있다.

청자가 재생하는 이야기에서 화자가 한 말의 의미는 대체적으로 살아 있지만 본래의 단어나 문장의 구조는 거의 일치하지 않는다. 때로는 의미를 확실히 하기 위해 화자가 하지도 않은 말을 첨가하거나 한 말의 일부를 빼기도 하여 새롭게 재구성하는 일도 흔히 볼 수 있다. 이처럼 단어나 문장에 대한 기억은 단기적이

며 의미에 대한 해석과 더불어 소멸하게 되지만, 전체 의미에 대한 기억은 장기적인 기억으로 뇌리에 오래 남아 있게 된다.

듣기의 과정을 올바로 이해하라

듣기의 과정을 잘 이해하여 이를 자신에게 적용시키면서 훈련을 하면 듣기 능력을 향상시키는 데 많은 도움이 된다. 듣기의 과정은 편의상 구성 과정과 활용 과정의 두 가지로 나눌 수 있다.

구성 과정 : 말의 구조를 분석하고 의미를 해석한다

구성 과정이란 청자가 화자의 말을 듣고 그 의미를 해석하기 위해 나름대로 전략을 구성하고 적용하는 과정이다. 이 구성 과정에서 청자는 화자가 한 말의 의미를 올바로 해석하기 위해 대체로 두 가지 방법을 사용한다. 문법적 접근법과 의미적 접근법이 그것이다.

문법적 접근법이란 청자가 화자의 말에 담긴 의미를 알아내기 위해 말의 구조와 문장 구성 요소들을 먼저 살피는 것이다. 청자는 소리, 단어, 구절 등을 식별하여 각각의 의미를 먼저 알아낸 다음, 각 구성 요소들이 지닌 의미를 서로 연결함으로써 전체 내용의 의미를 해석해 낸다. 문법적 접근법에서 청자는 어휘와 기능어, 파생 접사, 조사나 어미, 동사와 자릿수, 양태 부사와 접속사, 어순 등에 주목한다.

정도의 차이는 있겠지만 대개의 청자는 이러한 문법적 접근을 통해 화자의 말을 수용하게 된다. 말의 문법적 측면에 유의하여 귀를 기울이면 화자의 특징적인 어법을 이해할 수 있게 되고, 그러한 어법을 통해 나타나는 화자의 사고 구조를 추론해 볼 수 있다.

듣기의 구성 과정에서 청자가 사용하는 또 한 가지 방법은 의미적 접근법이다. 의미적 접근법이란 청자가 화자의 말에 담긴 전체적인 의미를 '잠정적'으로 해석한 뒤, 그에 따라 말의 각 구성 요소들을 분석하고 이해하는 것이다.

이때 청자는 화자의 말에 담긴 전체적 의미를 잠정적으로 해석하기 위해 그 말의 내용이 특정한 개체, 사건, 상태, 사실 등을 가리킨다는 주관적인 가정과 믿음을 전제로 접근한다. 즉 청자는 화자가 말하려는 것에 대해 많이 알고 있고, 또한 화자가 진실한 정보에 근거하여 말하고 있다는 믿음을 바탕으로 말의 의미를 해석하고 이해한다. 이를 의사소통에 있어서 '협조의 원리'라고 표현한다.

협조의 원리란 쉽게 말하면 '화자와 청자가 말하고 듣는 일에서 상호 협조함으로써 원만한 의사소통을 이룰 수 있다'는 것이다. 즉 화자와 청자가 각각 최대한 정확하게 말하고 듣기 위해 성실하고 개방적인 태도를 지녀야만 효과적인 의사소통을 이룰 수 있다.

활용 과정 : 해석한 내용을 목적에 맞게 활용한다

활용 과정은 청자가 화자의 말에서 분석해 낸 내용을 자신의 목적에 맞게 이용하는 과정이다. 화자의 말에서 얻어 낸 새로운 정보를 머릿속에 간직하거나 질문에 대답하는 것을 그 예로 들 수 있다.

활용 과정에서 청자가 가장 먼저 해야 할 과제는 화자가 한 말의 의도를 추리하는 일이다. 각 문장의 형태를 분석하고, 질문하고 있는지 아니면 요청하고 있는지를 추리하는 것이다. 이러한 추리는 주어진 문장으로부터 직접 추리할 수도 있지만, 때로는 주변 상황 등을 고려하여 간접적으로 추리해야 하는 경우도 있다.

예를 들어 화자가 '창문 좀 열까'라고 말했을 때 이것은 '창문 좀 열어 줘'라는 말을 에둘러 표현한 것에 지나지 않는다. 청자가 이 말에 담긴 진짜 의도가 질문

이 아닌 요청임을 알아낼 수 있는 것은 협조의 원리가 작용하기 때문이다.

그 다음의 과제는 문제를 해결하는 데 필요한 모든 지식, 기술, 주의력을 집중하는 일이다. 화자가 한 말의 내용에서 새로운 정보와 낡은 정보는 각각 무엇인가, 화자가 원하는 대답은 무엇인가, 대답을 어떻게 표현할 것인가, 화자가 요청하고 있는 목표는 무엇인가, 요청하고 있는 목표를 어떻게 달성할 것인가? 등의 문제를 해결하는 것은 간단한 일이 아니다. 청자의 모든 인지 능력과 언어 능력을 동원해야만 완전하게 과제를 해결할 수 있다.

제대로 듣고 이해하는 5가지 방법

듣기의 가장 보편적인 목적은 화자가 전달하고자 하는 내용을 올바로 이해하고 잘 활용하는 데 있다. 이러한 목적을 달성하려면, 청자는 의식적으로 화자의 말을 경청해야 한다. 그리고 미진한 점이 있다면 반드시 화자에게 되물어 확인해야 한다.

잘 듣기 위해서는 화자가 전하는 정보의 핵심을 파악하고, 그 정보의 진위와 가치를 평가할 수 있어야 한다. 또한 그 효용성을 예상하고, 과제 해결을 위한 방안을 강구하면서 들어야 한다. 들을 때 유의해야 할 점은 다음과 같다.

화제와 주제를 분명히 알고 듣는다 화제와 주제를 청자가 알고 있을 때와 모르고 있을 때 이해의 과정과 결과에는 커다란 차이가 있다. 청자가 화제와 주제를 알고 있을 때는 그것을 이해하기 위해 동원해야 할 배경 지식이나 해석 방법을 쉽게 결정할 수 있다. 청자가 이런 결정을 빨리하면 할수록 화자가 어떤 관점에서서 말하고 있는지, 그가 자기의 주장을 논리정연하게 펴고 있는지, 청자가 어떻게 반응해 주기를 바라고 있는지 쉽게 판단할 수 있다. 그러므로 청자는 늘 화

제와 주제를 분명히 파악하면서 듣도록 유의해야 한다.

어법에 유의하면서 듣는다 청자는 화자가 무엇을 말하고 있는지와 함께 '어떻게' 말하고 있는지에 대해서도 주의를 기울이며 들어야 한다. 일반적으로 화자는 자신이 전하려는 내용을 청자가 올바르게 이해하고 적절하게 반응해 주기를 바라기 때문에 상황과 대상에 따라 적절한 어법을 선택하여 말하게 된다. 같은 내용의 말이라 하더라도 부탁할 때, 명령할 때, 설득할 때, 질문할 때 등 각 상황에 따라 어법이 달라지기 마련이다.

그러므로 청자는 화자의 어법에 따라 그 실질적인 의미와 의도를 파악하여 적절하게 대응해야 한다. 예컨대, 화자가 하는 말이 단언투이면 그 새로운 정보를 기억에 첨가하고, 질문이면 자신의 기억에서 원하는 정보를 찾아 알맞은 대답을 준비하며, 부탁이면 필요한 행동을 수행한다.

각 단락의 관계를 파악하며 듣는다 화자는 하나의 이야기를 전개하기 위해 여러 가지 방법을 사용한다. 이야기의 중심 단락을 맨 처음에 두기도 하고, 반대로 맨 끝에 두기도 한다. 때로는 그것을 단계적으로 심화, 확대하면서 주기적으로 반복하기도 한다. 또한 화자는 각 단락 내부의 구성에도 여러 가지 방법을 동원한다. 화제를 일반적인 것에서 구체적인 것으로, 시간적인 순서나 공간적인 순서로, 발단에서 절정에 이르는 순서로, 원인—결과의 순서로, 또는 이들의 역순서 등으로 다양하게 배열하기도 한다.

그러므로 청자는 중심 단락이 어디에 있는지, 그 단락과 다른 단락이 어떤 관계인지, 그리고 각 단락에서 이야기가 어떻게 전개되고 있는지 파악해 가며 들어야 한다.

중심 내용과 보조 내용을 구분하여 듣는다 화자는 자신의 이야기를 좀 더 효과적으로 전달하기 위해 중심 내용 이외에 여러 가지 보조 내용들을 덧붙인다. 중심 내용을 부각시키기 위해 비유법을 쓰기도 하고, 여러 구체적인 예를 들기도 하며, 다른 사람의 말을 인용하기도 한다.

그러므로 청자는 이야기의 중심 내용이 어떻게 심화, 확대되고 있는지 살피면서 중심 내용과 보조 내용을 잘 구분해 들어야 한다. 그렇지 않으면 보조 내용은 잘 기억하면서 정작 중심 내용은 기억하지 못하는 잘못을 범하게 된다.

내용의 정확성, 적절성, 타당성, 효율성을 평가하며 듣는다 청자는 화자가 하는 말의 내용을 여러 측면에서 평가하며 들어야 한다. 사실을 사실대로 말하고 있는지, 사실을 근거로 추론하고 있는지, 진실을 말하고 있는지, 필요한 정보만 말하고 있는지, 간결하고 정확하게 표현하고 있는지를 가늠해 보아야 한다.

내용 평가의 첫 번째 척도는 '정확성'이다. 화자가 전달하는 정보의 근원, 해석, 전달 방법 등이 얼마나 정확하며 신뢰할 만한 것인지 평가한다. 또한 자료의 정확성, 관점과 해석의 정확성, 표현의 정확성, 논리의 정확성 등을 평가한다. 모든 평가가 다 그렇듯이 이 정확성의 평가 역시 말하기의 목적과 결부시켜 수행한다.

내용 평가의 두 번째 척도는 '적절성'이다. 화자가 전달하는 내용과 표현이 말하기의 목적에 부합하는 것인지 평가한다. 화제와 주제 선정의 적절성, 자료의 유기적 연관성, 정보의 양과 질의 적절성, 표현 방법의 적절성, 논거와 논의 과정의 적절성, 문제 해결의 완결성 등을 평가한다.

내용 평가의 세 번째 척도는 '타당성'이다. 화자가 전하려고 하는 내용이 언제 어디서나 올바른 것으로 인정받을 만한지 평가한다. 다시 말하면, 화자의 판단이 진실한지 그렇지 못한지를 평가하는 것이다. 관점의 타당성, 판단의 타당성, 논

의 전개의 타당성, 결론의 타당성 등을 평가한다. 타당성을 평가할 때에는 그 내용이 합리성, 사실성, 윤리성, 보편성 등에 부합하는지 검토해야 한다.

내용 평가의 네 번째 척도는 '효율성'이다. 화자가 전하는 내용이 정보로서 얼마나 유용한 가치를 지니고 있는지 평가하는 것이다. 어떤 자료든 정보가 되려면 그 것을 들은 청자가 유용하게 활용할 수 있는 것이라야 한다. 효율성을 평가할 때는 그 정보가 지니는 의미의 풍부함, 적용의 유용성, 심미적 가치 등을 고려한다.

잘못된 듣기 방법

청자로서 나쁜 습관이 있다면 듣기가 장애에 부딪힐 것은 매우 분명한 사실이다. 아래의 항목 가운데 어느 것 하나라도 습관으로 배어 있다면, 의식적으로 남의 이야기를 들으려 노력해도 무심결에 핑계를 대고 이야기를 멀리하는 경험을 했을 것이다.

거짓 주목 거짓 주목은 주로 교실에서 관찰된다. 거짓으로 주목하는 청자는 자기가 열심히 경청하는 척하면 화자가 흐뭇해할 것임을 가정한다. 물론 화자는 자주 속는다.

경청은 힘과 노력이 필요하고, 특정 방법을 이용해야 한다. 거짓 주목에 힘을 소모하면 경청이 불가능해진다. 그리고 예리한 질문으로 거짓 듣기가 밝혀질 수도 있다. 그 밖의 억지 미소의 연출, 갑작스러운 현실 각성, 적시 대응의 실패 등 거짓 듣기로 파악되는 여러 양상이 말하는 내용의 청취 기회를 놓치게 만든다.

사실만을 경청한다 듣기의 또 다른 문제는 오직 사실만을 경청하는 현상이다. 사실 획득에 초점을 맞추면 올바른 듣기를 할 수 없다. 사실의 기억에만 집중하

면 많은 아이디어를 놓치기 쉽기 때문이다. 올바른 경청은 사실을 바탕으로 아이디어를 구성하고 이해함을 목적으로 한다. 따라서 사실은 아이디어 다음에 고려해야 한다. 화자는 청자가 아이디어를 이해해 주기를 기대한다. 아이디어의 포착이 효과적인 듣기의 기본이 된다.

감정에 따라 듣는다　듣기에 유익하지 못한 또 하나의 습관은 감정을 개입하는 일이다. 일반적으로 청자는 자신을 화나게 하거나 불안감을 돋울 수 있는 말에 대해서는 들으려 하지 않는 경향이 있다. 반면에 자신을 칭찬하는 등 만족감을 주는 말은 진실 여부를 떠나 즉각적으로 수용하고 반응하는 경향이 있다. 감정이 청취한 내용을 여과하는 역할을 하는 것이다.

언사와 외모에 대한 비평　잘못된 듣기의 네 번째 유형은 화자가 연출하는 외모의 여러 가지 양상에 초점을 맞추고 용모와 언변이 매력적일 때만 경청하는 것이다. 신체적·음성적 매력이 느껴지지 않는 화자의 언변과 외모를 비판하는 데 귀중한 시간을 지나치게 소모한 나머지, 청자는 화자의 메시지를 수용하는 데 실패한다.

흥미 없는 주제라는 성급한 판단　제대로 경청하지 않는 태도에 대한 가장 흔한 변명이 화자의 주제가 흥미롭지 않다는 것이다. 주제가 흥미 없다고 판단하게 되면 듣기 효과가 감소된다. 그러나 '흥미 없는 주제는 무가치하고 불필요하다'고 하면서 흥미와 가치를 동일시하는 것은 잘못이다. 청자의 비언어적 반응은 화자의 효과적인 말하기를 좌우한다. 따라서 흥미 없는 주제라고 성급한 판단을 내리는 것은 효과적인 의사소통을 가로막는 결과를 가져온다.

오히려 흥미가 부족한 메시지가 고도로 중요하고 가치 있는 정보를 포함할 수 있다. 그러나 만약 청자가 듣지 않기로 성급히 결정하면 필요한 정보를 입수하지 못하게 된다. 일부 학생의 학습 능력이 좀처럼 향상되지 않는 이유의 하나는 수업을 경청하지 않기 때문이다. 의사소통이 제대로 이루어지지 않는 책임을 화자에게만 돌릴 경우 효과적인 소통이 이루어질 수 없다. 따라서 주제가 흥미 없다고 판단하여 성급히 경청을 중지하는 일은 바람직하지 못하다. 이 같은 나쁜 습관은 모든 종류의 주제에 대해 의도적으로 경청하려는 노력을 기울임으로써 해소될 수 있다.

난해한 주제에 대한 듣기 회피   난해한 주제를 회피하는 것도 잘못된 듣기의 하나다. 대부분의 청자는 주제가 이해하기 쉽고 편안하고 즐거운 것일 때 듣는 경향이 있다. 만약 이야기 자료가 난해한 것이면 청자는 즉각 경청할 필요가 없다고 판단한다. 이와 같은 습관은 학습할 기회 및 새로운 이해력과 통찰력을 키울 기회를 동시에 상실하게 만든다. 만약 경청이 이 같은 장애에 직면하면 유일한 해결책은 난해한 내용을 경청할 계획적인 노력이다. 뉴스 해설, 배심 토의, 교양 특강 등을 포함하여 지속적으로 난해한 주제를 경청해야 한다.

사고의 여분 시간을 낭비한다   듣기의 다른 장애는 청자로서 이용할 수 있는 여분의 시간을 어떻게 사용하는가의 문제이다. 말하는 속도와 생각하는 속도의 차이 때문에 청자는 시간을 낭비할 수 있다. 이뿐만 아니라, 여분의 시간에 듣고자 하는 메시지와 무관한 공상이나 다른 상황을 머리에 떠올릴 경우가 있다. 이때 청자 자신이 화자의 말을 듣기 위해 다시 주의를 기울여도 화자 의중을 이해하기가 곤란해진다. 화자가 전개하는 사고의 행간 의미를 놓쳐 아이디어를 포착

하기가 어려워지기 때문이다. 화자의 말은 전혀 흥미 없게 들리고 다시 공상이 청자를 유혹한다. 대다수가 경험하는 이러한 사고의 낭비 습관을 하루 빨리 바로 잡아야 한다.

듣기 능력의 향상 방법

듣기 능력 향상의 궁극적 목표는 이미 형성된 잘못된 듣기 방법의 제거와 경청 요소의 보완이다. 듣기 능력의 개선과 향상을 위해서 효과적인 8개의 방법을 정리해 본다.

난해한 자료를 경청한다 미숙한 청자는 듣기 경험이 부족하다. 구체적으로 말하면 수업, 다큐멘터리, 방송의 토의와 인터뷰, 강연장의 연설 등에 익숙하지 않다. 반면 유능한 청자는 다양한 담화 메시지를 듣기 위해 취향을 다각도로 확대한다. 이뿐만 아니라 난해한 주제에 도전하는 기회를 즐기면서 지적인 자극을 선호하고 동시에 성장한다. 난해한 표현을 기피하는 태도는 듣기 능력 향상에 도움이 되지 않는다. 난해한 주제에 익숙한 청자가 되기 위해서는 폭넓은 커뮤니케이션 상황에 참여함으로써 불리한 조건을 제거하도록 노력할 필요가 있다.

경청 이유를 파악한다 설득이 목적인 스피치일 때 청자는 비판적 경청의 자세를 보인다. 정보 전달 혹은 수업 목적의 스피치일 때 청자는 가능한 정확하게 많은 양의 아이디어와 개념을 수용하리란 마음을 먹는다. 결국 듣기 능력을 향상하기 위해서는 경청 이유가 무엇인가를 포착하는 습관을 형성해야 한다.

주제에서 흥미를 창출한다   주제에 대해 흥미를 갖는 열쇠는 청자가 판단하는 타당성과 유용성에 있다. 화자는 스피치가 청자에게 얼마나 유용한가를 명백하게 알 수 없다. 정보가 유익한 것인지 여부를 의도적으로 탐색하는 습관이 때로 청자에게 필요하다. 청자는 자주 자문자답할 필요가 있다. '화자가 말하는 내용은 이용할 수 있는 것인가', '화자가 제시하는 아이디어는 과연 가치 있는 것인가', '얼마나 유익한 내용인가' 등의 질문에 답해 보도록 한다.

화자에게 적응한다   또 하나의 듣기 향상 방법은 화자에게 적응하는 능력을 신장하는 일이다. 화자의 용모나 말투에 대해 문제를 제기하기보다는, 그것에 적응하고자 노력했을 때 정보 교환을 위한 최상의 관계가 성립될 수 있다. 청자의 궁극 목표는 화자의 용모와 언변이 아니라 메시지를 경청하는 일이다. 청자의 표적은 화자가 말하는 내용에 관한 것이며 자신에게 필요한 지식을 발견하는 일이다. 화자의 용모나 말투에 적응하면 자연스러운 경청이 가능해지고, 청자는 효과적인 경청을 할 수 있다.

물리적 장애를 극복한다   우수한 경청자는 산만한 분위기와 싸운다. 문을 닫고, 텔레비전을 끄고, 화자 가까이 옮겨 앉고, 화자에게 좀 더 큰 소리로 말해 달라고 요구하는 등 물리적 장애를 제거하기 위해 노력한다.

감정을 억제한다   청취력 증진을 위한 중요한 요소는 감정의 자제이다. 내용을 완전히 이해하여 확신이 설 때까지 흥분하지 않도록 유의하고, 평가를 유보하는 것이 바람직하다. 능숙한 경청자는 마음을 비운다. 자신의 행동을 조정하기 위해

청자가 취할 수 있는 몇 단계 과정이 있다. 청자 자신을 당혹케 하는 감정적인 단어와 어구를 먼저 추출한다. 그리고 단어와 어구의 일람표를 작성한다. 다음 단계로 각 단어가 영향을 끼친 이유를 자세히 분석한다. 각 단어에 대한 최초의 인상이 무엇인지 자문해 본다. 마지막으로 동료들과 함께 각각의 단어와 어구에 대해 토의해 본다. 이와 같이 단어와 어구를 습관적으로 추출해 확인하는 작업은 냉정한 반응이 가능하도록 청자를 돕는다.

아이디어와 추론 형태를 중심으로 듣는다　주장의 핵심적 아이디어를 인지하는 능력을 확보하는 것 또한 효과적인 경청을 위해 필수적인 요소이다. 우수한 경청자는 아이디어에 초점을 맞춰 경청한다. 그리고 사실과 원리, 아이디어와 실례, 증거와 논쟁을 구분할 수 있는 능력을 획득한다. 미숙한 청자는 이들을 식별하는 데 능숙하지 못하다. 반면 훌륭한 경청자는 가능한 빠르게 핵심 아이디어를 포착하고, 스피치의 하부 구조와 제시된 논쟁 사안을 파악하기 위해 노력한다.

여유 시간을 현명하게 이용한다　바람직한 경청자가 되기 위한 마지막 방법은 말하는 속도와 생각하는 속도의 차이로 생기는 여유 시간을 가능한 현명하게 이용하는 것이다. 우수한 경청자는 생각의 속도를 이용하는 재능을 갖고 있다. 생각의 속도는 말하기의 평균 속도보다 4배나 빠르다. 화자가 1분간 말할 때 청자는 약 4백 단어를 생각할 수 있는 여유 시간을 갖는다. 수용되는 메시지의 이해도를 높이기 위해서는 여유 시간을 과감하게 이용해야 한다. 이 같은 노력이 자신의 경청 능력을 향상시키는 데 반드시 좋은 결과를 가져올 것이다. 또한 학습 능력과 의사 결정 능력의 향상과 더불어 스피치의 평가 능력도 향상시킬 수 있다.

■ **제대로 듣고 이해하는 5가지 방법**

· 화제와 주제를 분명히 알고 듣는다.

· 어법에 유의하면서 듣는다.

· 각 단락의 관계를 파악하면서 듣는다.

· 중심 내용과 보조 내용을 구분하여 듣는다.

· 내용의 정확성, 적절성, 타당성, 효율성을 평가하며 듣는다.

■ **잘못된 듣기 방법**

· 화자를 거짓으로 주목한다.

· 사실만을 경청한다.

· 감정에 따라 듣는다.

· 화자의 외모와 언변에 따라 듣기를 결정한다.

· 흥미 없는 주제라는 성급한 판단을 내린다.

· 난해한 주제는 듣지 않으려고 한다.

· 사고의 여분 시간을 낭비한다.

■ **듣기 능력의 향상 방법**

· 난해한 자료를 경청하는 습관을 기른다.

· 경청하는 이유를 파악한다.

· 주제에서 흥미를 창출한다.

· 화자에게 적응한다.

· 물리적 장애를 극복한다.

· 감정을 억제한다.

· 아이디어와 추론 형태를 중심으로 듣는다.

· 사고의 여유 시간을 현명하게 이용한다.

효과적인 말하기는 ☆철저한 준비를 필요로 한다

말하기의 성공은 계획과 준비가 결정한다

고사성어에 '천의무봉天衣無縫'이라는 말이 있다. '하늘의 직녀가 짜 입은 옷은 솔기가 없다'는 뜻으로, 매우 자연스러워서 조금도 꾸민 티가 나지 않는 완전무결한 상태를 가리킨다. 무슨 일을 할 때 천의무봉이라는 소리를 들으려면 그만큼 눈에 보이지 않는 각고의 노력을 기울여야 한다.

효과적인 말하기 역시 치밀한 계획과 철저한 준비를 필요로 한다. 말하기의 목적을 분명히 설정하고 구체적으로 '누구에게, 무엇을, 어떻게' 말할 것인가에 따라 말할 내용을 계획하고 준비해야 한다. 화자가 말하기를 계획하고 준비하여 이를 실제로 진행하는 전 과정을 가리켜 화법의 절차라고 한다. 화법의 절차는 크게 계획, 준비, 실연實演으로 나눌 수 있다. 그리고 각 과정에는 그 나름의 세분된 절차가 있다.

첫째, 말하기의 계획 과정은 '누구에게, 무엇을, 어떻게' 말할 것인가를 정하는 단계이다. 청자의 능력과 요구를 파악하여 그에 알맞은 주제를 설정하고 말하기의 목적에 맞는 내용을 정한다. 그리고 내용에 맞는 어법 등을 선택하는 것이 이

단계에서 해야 할 일이다.

둘째, 말하기의 준비 과정은 주제에 합당한 자료를 수집하고 정리하는 단계이다. 주제에 관련된 참고 문헌을 꼼꼼하게 섭렵하고, 말할 내용이 될 구체적인 자료를 수집해 개요를 작성한다. 이 개요를 대본으로 삼아 말하기를 연습할 수도 있다.

말하기를 연습할 때는 말소리의 강약·고저·성량·속도·쉼 등을 조절하는 법을 익히고, 다양한 제스처와 표정을 연구하며, 시청각 보조 자료를 이용해 설명하는 방법을 숙지한다. 청자의 반응을 예측하여 그에 대한 대비도 충분히 해야 한다.

셋째, 말하기의 실연 과정은 말하기를 실제로 실행하는 단계이다. 계획과 준비 과정을 통해 구성한 원고를 바탕으로 당당하고 활기찬 모습으로 말을 한다. 현장에서 청자의 반응을 살피면서 말의 길이를 조절하거나 말소리에 변화를 주는 등의 적절한 조치를 취한다. 청자의 질문에는 성실하고 분명하게 답하며 질문자의 의견을 적극적으로 수용하려는 태도를 보인다.

이 세 과정이 모두 중요하지만 말하기의 성공 여부는 계획과 준비에서 판가름이 난다고 해도 과언이 아니다. 천의무봉은 옷이 완성되기까지의 보이지 않는 과정에서 결정되는 것이다.

누구에게, 무엇을, 어떻게 말할지를 정한다

앞에서 말했듯이 말하기의 계획은 '누구에게, 무엇을, 어떻게'라는 세 가지 원칙에 따라 세우는 것이 기본이다.

누구에게 : 듣는 사람의 능력과 요구를 파악한다

말하기는 한정된 청중을 상대로 하여 행해지는 것이므로 가장 먼저 청자 분석과 정황 분석이 필수적이다. 청자가 개인이나 소수일 때에는 정밀한 분석이 필요하고, 많은 수의 대중일 때에는 개략적인 분석이 필요하다. 정황 분석 역시 청중의 많고 적음과 자신이 구사할 화법의 유형에 따라 그 정밀도를 조절해야 한다.

청자 분석은 청자의 지적 능력과 관심 사항을 파악하는 일이다. 이 분석은 청자가 흥미를 갖고 적극적으로 듣게 하기 위한 기본적인 절차이며, 어떤 화제를 어느 수준으로 말할 것인가를 결정하기 위한 필수적인 절차이다.

이런 절차를 제대로 거쳐야 화자가 가지고 있는 지식이나 관심사 또는 생각을 그대로 전달할 것인지, 아니면 청자의 능력과 관심사를 고려하여 적절히 조절하거나 변형할 것인지를 판단하여 결정할 수 있다.

청자 분석에서 가장 중요한 것은 청자가 화제에 대해 어느 정도 관심을 갖고 있는지, 그리고 화자에게 기대하고 있는 내용이 구체적으로 무엇인지 밝혀내는 것이다. 이와 더불어 청자의 연령, 성별, 교육 정도, 직업, 가족, 가입한 사회단체, 종교, 취미, 기호, 오락, 관심사 등도 고려해야 할 사항이자 정보이다.

청자의 흥미와 관심을 불러일으키려면 말하기의 목적과 화제가 주어진 정황과 여건을 고려한 것이어야 한다. 모임의 유형, 프로그램의 성격, 참여자의 구성 형태, 일시와 장소 등이 모두 정황을 구성하는 요소들이다.

그러므로 모임의 성격상 어떤 화제가 적당한지, 프로그램의 성격상 주제나 화제에 어떤 제약을 둬야 할 것인지, 집단의 구성으로 보아 어느 수준으로 내용을

전개할 것인지, 시간과 장소로 보아 말의 길이와 톤 등을 어떻게 조절할 것인지 미리 분석해야 한다.

무엇을 : 주제에 따라 말의 내용을 선정한다

누구에게 말할 것인가에 관한 계획을 마쳤다면 다음으로는 무엇을 말할 것인가를 계획해야 한다. 이는 내용에 대한 계획에 해당한다.

화자가 말할 내용은 주제를 잘 드러낼 수 있는 지식과 자료와 정보 등이다. 이 지식과 자료와 정보는 기본적으로 화자가 그동안 생각하고, 경험하고, 학습한 지적 수준과 감성적 수준에 의존할 수밖에 없다. 모래밭에는 견고한 건물을 세울 수 없듯이, 평소 지적으로나 감성적으로 잘 준비되어 있어야만 말의 내용이 튼실해진다.

대체로 화자가 즐겨 택하는 주제는 자신이 잘 알고 있는 주제, 자신 있게 말할 수 있는 주제, 손쉽게 여러 자료에 접할 수 있는 주제이다. 그러므로 화자가 말하는 내용을 자세히 살펴보면 그의 지적 수준과 경험의 내용, 사고방식 및 행동방식, 정서 상태 등을 알 수 있다.

평소 말하기의 내용적 토대가 부족하다고 해서 의기소침할 필요는 없다. 말하기의 계획 과정에서 철저하게 준비한다면 누구나 좋은 화자가 될 수 있다. 그리고 평소 준비된 화자라고 자부하는 사람도 이미 체득한 지식과 정보에만 의존해서는 안 된다. 좀 더 폭넓게 자료를 수집하고, 좀 더 정확한 지식을 섭렵하면서 새로운 정보를 입수하려는 의욕을 지녀야 한다.

말하기 활동은 화자와 청자가 이미 알고 있는 지식과 정보를 공유하는 수준에 머물러서는 안 되고 그 이상을 주고받을 수 있어야 한다. 그러므로 화자는 접근할 수 있는 모든 자료와 매체를 이용하여 내용이 될 지식과 정보를 데이터베이스

화하는 작업을 꾸준히 해 놓아야 한다.

말할 내용을 선정하고 구성할 때 유의해야 할 점은 사실의 원리와 협조의 원리이다. 이 두 원리는 청자의 올바른 이해를 위해 반드시 필요한 요소이다.

사실의 원리란 화자가 말할 때에 청자가 이해할 수 있는 상황이나 생각을 말해야 한다는 원칙이다. 다시 말하면, 화자가 말하는 내용을 청자도 상식적으로 충분히 납득할 수 있어야 한다. 그 결과 청자가 부주의한 상황에 빠지지 않고, 더러 못 들은 단어가 있어도 쉽게 채우고, 부정확한 해석을 피할 수 있도록 해야 한다는 원칙이다.

예를 들어 '어머니의 초상화'라는 말을 할 때 화자는 그것이 '어머니가 그린 초상화'가 아니라 '어머니를 그린 초상화'라는 의미로 사용하고 있다면 청자도 믿고 이해하도록 그 말을 사용해야 한다. 쉽게 말하면, 사실의 원리란 청자가 명확하게 알아들을 수 있도록 말해야 한다는 의미이다.

협조의 원리는 화자가 전달하려는 생각들을 표현하는 방법과 관련되어 있다. 그것은 화자가 말할 때에 차례를 지켜야 하며, 말하기의 목적에 맞는 필요한 정보와 진실한 정보를 분명하게 표현해야 한다는 원리다. 청자도 화자가 이 원리에 따라 말하고 있다고 믿고 그 의미를 해석함으로써 화자에게 협력한다.

협조의 원리는 다음 네 가지 규칙을 만족시켜야 한다.

첫째는 양量의 규칙이다. 화자는 요구되는 양만큼의 정보만 제공하고 필요 이상의 정보를 말해서는 안 된다.

둘째는 질質의 규칙이다. 진실한 정보만 말하고 충분한 근거가 없는 정보는 말하지 말아야 한다.

셋째는 관계의 규칙이다. 화자는 말하기의 목적에 부합된 내용을 말해야 한다.

넷째는 태도의 규칙이다. 화자는 말의 내용을 명확히 표현해야 하고, 의미의

중복을 피해 순서에 맞게 간결하게 말해야 한다.

어떻게 : 내용과 목적에 따라 화법을 선택한다

누구에게 말할 것인가를 정하고 무엇을 말할 것인가를 준비했다면, 마지막으로 어떻게 말할 것인지를 선택해야 한다. 어떻게 말할 것인지를 선택한다는 것은 곧 화법을 선택하는 일이다.

화법은 말할 내용과 그 목적에 따라 결정해야 한다. 어떤 지식과 정보를 설명하여 청자를 이해시키는 것이 목적이라면 기술記述 화법이나 설명 화법을 선택해야 한다. 청자가 화자의 의도대로 생각하고 행동하게 하는 것이 목적이라면 시범 화법이나 설득 화법을 선택해야 한다. 또한 청자를 즐겁게 하거나 웃기는 것이 목적이라면 환담 화법을 구사해야 한다.

기술 화법은 어떤 지식이나 정보를 청자가 머릿속에 영상화할 수 있도록 묘사하거나 자세히 기술하는 방법이다. 청자가 화자의 말을 통해서 어떤 사물이나 사건의 영상을 떠올릴 수 있도록 하기 위해서는 다음 두 가지 사항에 특히 주의를 기울여야 한다.

하나는 청자가 화자의 말에 계속 주의를 집중할 수 있도록 해야 한다는 것이고, 다른 하나는 지식이나 정보를 가시화하여 표현해야 한다는 것이다. 화자는 청자가 카메라 렌즈를 통해 대상을 보는 것처럼 중심 주제와 내용을 뚜렷이 영상화할 수 있도록 여러 각도에서 묘사하고 기술해 나간다. 또한 설명하고자 하는 사물과 사실을 계량적 수치를 이용해 보여 주거나, 청자가 볼 수 있는 물체를 이용하여 그 특성을 기술한다.

설명 화법은 전문적 지식을 전달하려고 할 때 주로 사용한다. 정치, 경제, 윤리, 도덕, 예술 등 그 어떤 분야라도 대상이 될 수 있다. 이 화법을 구사할 때는

주관에 의존하지 않고 사실을 사실대로 전하려는 객관적 태도를 지니는 것이 중요하다.

설명 화법을 구사할 때는 말의 속도를 천천히 하고 가능한 쉬운 용어를 선택하도록 한다. 또한 구체적인 자료를 이용함으로써 추상적인 설명이 되지 않도록 주의한다. 화자는 말하고자 하는 주제와 내용에 대해 심층적으로 알고 있어야만 설득 화법을 효과적으로 구사할 수 있다. 따라서 설명 화법을 선택했다면 말할 내용의 연구에 더 많은 노력을 기울여야 한다.

설득 화법은 우리가 일상생활에서 가장 빈번하게 사용하는 화법이기도 하다. 아이를 타이른다든지, 가족간의 합의를 이룬다든지, 이웃을 자선 사업에 동참하게 한다든지, 상품을 판매한다든지 하는 일이 모두 설득 화법에 의하여 이루어진다.

설득 화법의 성공 여부는 때로 화자의 인격과 내용의 논리성에 의하여 판가름이 나기도 한다. 화자가 청자로부터 전폭적인 신뢰를 받는 인격자일 때, 또는 그의 주장과 논리가 타당하고 일관성이 있을 때 설득 화법은 크게 빛을 발한다.

시범 화법은 시청각 보조 자료를 이용하거나 화자가 직접 몸동작으로 시범을 보이면서 설명하는 화법이다. 이 화법은 청자가 소수일수록 효과적이다. 어떤 사물의 제작 과정이나 작용을 몇 단계로 나누어 설명한다든지, 어떤 사실에 관련된 법칙이나 원리를 설명할 때에는 그림이나 도표 같은 시청각 보조 자료를 많이 사용한다. 화자가 몸동작을 통해 시범을 보여 주는 화법은 주로 운동 요령, 태도와 자세, 표정과 복장 등을 설명할 때 사용한다.

환담 화법 역시 일상생활에서 자주 사용하는 비격식의 화법이다. 화자와 청자가 기분 좋게 담소하며 친교를 나누고자 할 때나 딱딱한 분위기와 심각한 국면을 부드럽고 편안한 분위기로 전환하고자 할 때 흔히 환담 화법을 구사한다.

대화나 연설에서 웃음과 탄성을 자아내게 하는 유머나 위트, 한 토막의 재미있

는 에피소드, 촌철살인의 효과를 내는 풍자나 익살 등이 모두 환담 화법의 범주에 속한다. 환담 화법은 인생의 예지와 탁월한 언변, 그리고 마음의 여유에서 우러나오는 것이므로 청자에게 웃음뿐 아니라 인생을 새롭게 음미하는 계기를 선사해 준다.

적합한 화제와 분명한 주제를 정한다

'누구에게, 무엇을, 어떻게 말할 것인가'에 관한 기본적인 계획을 마련했다면, 이제 말하기의 내용을 선정하고 조직하는 본격적인 준비 단계로 나아가게 된다. 이 준비 단계에서는 화제의 주제 및 내용을 설정하고, 그에 따른 자료를 수집하고 정리하며, 이를 바탕으로 말할 내용을 체계적으로 조직하고 개요를 작성한다.

화제란 이야기할 문제나 사실 등을 가리키는 말이다. 화자는 자신의 관심과 흥미 혹은 청자의 요구에 의해 화제를 정한다. 사실은 우리가 일상생활에서 주고받는 온갖 종류의 이야깃거리가 화제이다. 그리고 이 화제들을 통해 화자가 궁극적으로 전달하려는 핵심적인 의미를 주제라고 한다.

예를 들어 '우정이란 무엇인가', '인생에서 우정은 얼마만큼 중요한가', '우정의 참다운 가치는 무엇인가', '우정은 동성 간에만 성립하는가' 등은 우정에 관한 다양한 화제들이다. 그러나 화자가 이 화제들을 통하여 전달하고자 하는 핵심적 의미는 '우정의 중요성'이다. 이와 같이 주제는 화제들을 두루 관통하여 전달되는 중심적이고 핵심적인 사상이다. 주제는 명료하고 분명할수록 좋다. 주제가 분명하면 화법의 선택을 보다 정확하게 할 수 있고, 또한 화제들을 한결 쉽게 설정할 수가 있다.

화제와 주제는 구별된다. 때때로 화제가 주제인 것처럼 여겨지기도 하지만, 이는 잘못이다. 화제는 일정한 주제를 나타내는 재료가 될 뿐이지 곧바로 주제가

되지는 않는다. 어디까지나 화제는 화자의 이야기에서 다뤄지는 특정한 문제나 사실 또는 그 범위를 가리킨다.

화제는 우리 생활 주변에서 여러 가지 사실을 관찰하고 문제점을 생각하는 가운데서 찾을 수 있다. 일상생활에서 겪은 일, 남에게 들은 일, 주위에서 보고 느낀 일, 책을 통해 읽은 내용 등을 무심히 지나치지 않고 관심을 가지고 살피는 과정에서 얻어진다. 이렇게 수집한 화제들은 설명, 설득, 보고, 환담 등 말하기의 목적에 따라서 다시 선별해야 한다. 일반적으로 사람들이 관심을 가지는 화제는 지적 욕구를 충족시키는 것, 호기심을 자극하는 것, 직접적인 이해관계가 있는 것 등이다. 이를테면, '지구는 날로 사막화되고 있다', '새 대통령은 어떤 통치 철학을 가진 사람일까?', '은행 예금 금리는 계속 떨어질까?'와 같은 화제들을 들 수 있다.

화제와 주제는 다른 것이면서도 서로 긴밀하게 보완적인 관계를 지닌다. 말하기 능력을 향상시키기 위해서는 화제를 풍부하게 동원하면서도 주제를 흐리지 않고 강화시키는 법을 알아야 한다.

자료를 수집하여 정리한다

화제와 주제가 정해지면 그에 따른 여러 가지 관련 자료를 모으고 선택한다. 이 경우 미리 모으고 정리하여 둔 자료들이 있다면 매우 편리하겠지만, 만일 그렇지 못하면 주어진 시간 안에 필요한 자료들을 모아야 한다. 그러나 어떤 경우라도 평소에 관심을 두지 않았거나 잘 알지 못하는 자료는 선택하지 않는 것이 좋다.

효과적인 말하기를 위해서는 평소에 끊임없는 관심을 가지고 말하기의 자료들을 모아야 하며, 이를 손쉽게 활용할 수 있도록 정리해야 한다. 말하기의 자료란 화제를 구체적으로 전개하기 위해 쓰이는 소재로서 실제로 있었던 사건, 통계 자

료, 다른 사람의 의견이나 증언, 도표나 그림 등이다.

자료를 수집하는 가장 손쉬운 방법은 자신이 직접 보고 들은 내용이나 평소에 잘 아는 정보들 가운데서 모으는 것이다. 화제나 주제가 정해지면 자기가 직접 체험한 것, 느낀 것, 알고 있는 것들 가운데서 관련된 내용들을 골라 정리한다. 화자 자신이 직접 체험한 화제를 가지고 이야기하면 자신감과 열의가 생겨 한층 더 효과적으로 주제를 전달할 수 있다. 따라서 실감 나게 이야기하기 위해서는 주변에서 수집한 친숙한 자료를 토대로 해야 한다.

다음으로 정해진 화제와 깊은 관련이 있는 인물의 의견이나 체험담을 모으는 방법이 있다. 즉 다른 사람의 체험을 화제의 자료로 활용하는 것이다. 그러기 위해서는 화제와 연관 있는 사람을 방문하여 그로부터 직접 이야기를 듣는 것이 가장 좋은 방법이지만, 그렇지 못할 경우에는 설문지를 보내어 그에 응답한 내용을 활용하도록 한다.

윈스턴 처칠Winston Churchill은 의회에서 연설하기 위해 많은 사람들을 만나 의견을 듣고 내용을 보완했는데, 때로는 이미 써 놓은 원고라도 완전히 다시 고쳐 사용하기도 했다.

그 밖에 여러 가지 관련 문헌과 각종 기록을 이용하는 방법이 있다. 화자 자신의 체험이나 다른 사람의 의견은 아무리 풍부하다고 해도 한정된 범위의 지식에 머물기 쉽다. 따라서 화제와 관련된 풍부한 자료를 얻기 위해서는 여러 종류의 문헌과 기록을 조사하고 수집한다.

수집된 자료는 다시 검토와 선택의 과정을 거쳐야 한다. 이 과정에서 몇 가지 주의해야 할 사항이 있다. 그것은 출처가 분명하고 어느 한쪽으로 치우치지 않는 공평한 자료인가, 화제와 직접적인 관련이 있으며 주제를 부각시킬 수 있는 풍부하고 다양한 자료인가, 여러 사람에게 친근하면서도 새로운 자료인가 등이다.

말할 내용을 체계적으로 구성한다

여러 가지 관련 자료의 수집과 정리가 끝나면 말할 내용을 체계적으로 구성해야 한다. 말할 내용을 잘 구성하기 위해 주의해야 할 사항은 크게 세 가지이다. 말하기의 목적에 따라 단계적으로 구성되었는가, 주제를 중심으로 내용이 통일되어 있는가, 목적 및 주제와 관련이 적은 부분은 없는가이다.

아무리 좋은 화제라도 이야기 전개 순서와 논리에 따라 내용을 구성하지 않으면 바람직한 결과를 얻기 힘들다. 순서를 잘못 정하거나 순서 자체를 무시하면 청중이 화제에 몰입할 수 없다. 또한 내용을 주제 중심으로 통일하지 못하거나 원인과 결과의 관계로 구성하지 못하면 아무리 열변을 토한다 해도 청중을 이해시키기 어렵다.

또한 말하는 과정에서 서로 상반되는 내용이나 논점을 보이면 청자를 혼란에 빠뜨리게 된다. 예를 들어 연사가 한반도의 통일을 주장하면서 통일의 부정적 측면만을 강조한다면 청중들은 혼란스러워할 수밖에 없다.

말하기의 내용을 구성하는 방법으로는 다섯 가지 정도를 들 수 있다. 시간과 공간에 따른 구성, 원인과 결과에 따른 구성, 문제 해결식 구성, 연역과 귀납에 따른 구성, 단계식 구성 등이다.

시간과 공간에 따른 구성　시간과 공간에 따른 구성은 쉽고 편리하다는 점이 장점이다. 대부분의 사람들은 자기 자신이나 자기가 속한 집단을 소개할 때 시간과 공간의 개념을 우선적으로 말하는 경우가 많다. 즉 나이나 소속 집단의 연혁, 살고 있는 동네 이름이나 주소를 먼저 말한다. 이와 같이 말할 내용을 구성할 때에 공간과 시간의 순서를 활용하면 편리하다.

동서남북, 전후좌우, 상중하, 먼 곳과 가까운 곳 등을 기준으로 내용을 구성하는 것은 공간의 순서에 따른 것이다. 공간의 순서에 따른 구성에서는 각각의 내용이 따로 놀지 않고 전체의 틀 안에서 유기적으로 연관을 맺도록 유의해야 한다. 반면에 과거·현재·미래, 오늘·내일·모레, 아침·낮·저녁, 고대·중세·근대 등을 기준으로 내용을 구성하는 것은 시간의 순서에 따른 것이다.

단계적인 과정을 지닌 문제나 역사적 성격을 지닌 문제에 대해 이야기할 때 시간과 공간에 따라 내용을 구성하면 효과적이다. 경우에 따라서는 시간과 공간의 순서를 역순으로 구성할 수도 있다. 이와 같은 구성 방법은 설명을 목적으로 하는 말하기에 효과적으로 이용된다.

원인과 결과에 따른 구성 '아니 땐 굴뚝에 연기 나랴'라는 옛말이 있다. 이는 원인이 있으면 반드시 결과가 있게 마련이라는 뜻이다. 불을 피우면 연기가 나는 것은 원인과 결과의 관계를 명료하게 보여 주는 대표적인 예이다. 어떤 현상이나 대상에 대해 그것의 원인과 결과를 밝혀 설명하면 명쾌하고 쉽게 이해할 수 있다.

원인과 결과에 따른 내용 구성은 어떤 일의 인과를 따져서 자신의 입장이 떳떳함을 밝히거나 상대편으로 하여금 태도나 의견을 바꾸도록 논리적으로 설득해야 할 경우에 유리하다. 이러한 경우에 말의 내용은 원인에서 결과로 또는 결과에서 원인으로 구성한다. 즉 어떤 일의 결과를 먼저 말하고 그렇게 된 까닭을 이야기하든지, 여러 가지 원인을 먼저 제시한 다음 그것들로 인해 발생한 결과를 말한다.

이 두 가지 방법을 적절히 섞어서 내용을 구성할 수도 있다. 이와 같은 내용 구성의 방법은 인과관계를 분명히 하면서 자신의 주장이 정당함을 밝히는 데 편리하므로 토론할 때 효과를 발휘한다.

문제 해결식 구성

"여러분, 우리 팀의 신제품 마케팅 계획이 지금 매우 어려운 처지에 놓여 있습니다. 지금까지 추진했던 대대적인 광고가 소기의 성과를 내지 못하면서 추후의 계획을 계속 진행하는 것에 대해 관련 부서에서 많은 문제를 제기하고 있습니다. 오늘 회의에서는 그동안 제기된 문제점들을 총괄적으로 검토하고, 기존 마케팅 계획의 추진 여부와 대안에 대해 전반적인 논의를 하도록 하겠습니다."

어떤 회사의 마케팅 담당 팀의 회의에서 팀장이 발언한 내용이다. 이 내용은 먼저 문제를 제기한 다음 그 해결책을 제시하는 식으로 구성되어 있다.

일반적으로 문제 해결식 구성 방법은 먼저 상대편의 주의를 끌 수 있도록 문제를 제기한 뒤, 그 문제를 해결하기 위한 방법을 제시하는 순서를 따른다. 그리고 그 해결 방법이 왜 타당한가를 증명하여 상대편을 납득시키고 그에 따라 어떤 태도를 결정하도록 유도한다. 특히 해결책을 말할 때는 다양한 방법 중에서 가장 타당성이 높은 방법을 제시하도록 한다. 스스로 정리되지 못한 해결책을 제시하거나 해결책 자체의 설득력이 떨어지면 소기의 성과를 거둘 수 없게 된다.

이 같은 구성 방법은 문제 해결을 목적으로 하는 토의나 회의에서 주로 활용된다.

연역과 귀납에 따른 구성

모든 사람은 행복을 원한다.
창욱이는 사람이다.
그러므로 창욱이는 행복을 원한다.

이와 같이 일반 원칙에서 출발하여 개별적인 결론에 도달하는 설명 방법을 연

역법이라고 한다. 대전제에서 소전제로, 그리고 결론으로 이르는 과정을 밟기 때문에 삼단논법이라고도 한다. 이와는 반대로 개별적인 사실들로부터 일반 원칙을 이끌어내는 귀납법도 있다.

연역법과 귀납법은 어떤 일이나 문제에 대해 논리적으로 설명하는 데 매우 유용한 방법이다. 어느 쪽이든 정연한 논리를 갖추면, 듣는 사람에게도 그렇게 받아들여지기 때문이다.

치밀한 추론의 단계를 밟는 삼단논법의 구성은 어떤 문제에 대해 상대편을 논리적으로 이해시키고 설득하는 데 효과적이므로 토론에서 자주 활용된다.

단계식 구성 단계식 구성은 말의 내용을 구성하는 데 가장 널리 사용되는 방법이다. 흔히 3단계나 4단계 또는 5단계로 구성하는데, 이 가운데 3단계 구성이 가장 보편적으로 사용된다. 또 청자의 마음을 움직여 태도나 행동의 변화를 이끌어내고자 할 때에는 5단계 구성이 가장 효과적이다. 일반적으로 단계식 구성 방법은 한정된 시간 동안 연사 혼자서 일방적으로 말해야 하는 연설에서 주로 쓰인다.

우선 3단계 구성을 살펴보자. 3단계 구성은 말할 내용을 도입, 전개, 결론의 3단계로 구성하는 방법이다.

제1단계는 도입 단계로서 화자와 청자가 처음 대면하는 단계이므로 우선 서로 친근한 분위기를 조성해야 한다. 호기심을 일으킬 만한 뉴스나 에피소드 또는 유머 등으로 청자의 흥미를 유발하거나, 저명한 인사의 말이나 문헌을 인용하여 청자의 관심을 끌어낸다. 그런 다음에 전개 부분에서 말하게 될 화제를 소개한다.

제2단계는 내용의 전개 단계로서 말할 내용의 본론인 주제를 제시하는 단계이다. 주제에 대해 사실, 실화, 일화, 권위자의 발언, 특수한 사례 등을 통해 자세히 설명한다. 그리고 논거와 반대론을 명시하면서 이야기 전체가 하나의 주제로 일

관되도록 논리 정연하게 말한다.

제3단계는 결론으로서 말을 끝마치는 단계이다. 이 단계에서는 전개 부분의 내용을 다시 간결하게 요약하고, 앞으로 예상되는 전망을 제시하며, 내려진 결론에 따른 행동을 보여 주어야 한다. 결론에서 특히 유의할 점은 청자에게 깊은 감명과 여운을 남기는 일이다. 이러한 3단계 구성 방법은 설명이나 보고를 목적으로 하는 말하기에 효과적이다.

다음으로, 4단계 구성은 문장 구성에서의 기·승·전·결과 같은 방법이다. 이 구성에서 제1단계는 청자의 흥미와 주의를 끄는 단계이며, 제2단계는 구체적 내용의 전개이고, 제3단계는 말의 내용이나 청자의 기분을 전환하는 단계이다. 제4단계에서는 마무리를 한다. 신문의 시사만화 등에 흔히 사용된다.

마지막으로, 5단계 구성은 청자에게 어떤 문제를 이해시키거나 설득할 때 가장 적합한 구성 방법이다.

제1단계는 청중의 주의를 집중시켜 이야기에 흥미를 가지도록 하는 단계이다. 제2단계는 문제 제기의 단계로, 청중이 이야기에 흥미를 가지게 되면 문제를 제기한다. 제3단계는 문제의 해결 방법을 찾아서 알리는 단계이다. 이때 해결 방법은 문제가 요구하는 여러 가지 필요한 조건들을 모두 충족시켜 주는 것이라야 한다. 제4단계는 문제의 해결 방법이 구체적으로 실행할 수 있는 유효 적절한 것임을 증명하도록 한다. 마지막 제5단계는 청중이 결론을 내리고 태도나 행동에서 변화가 나타나도록 한다. 이와 같은 구성 방법은 다수의 청중을 대상으로 자신의 주장을 내세우고 설득하는 연설에서 주로 많이 사용된다.

요점을 정리하여 개요를 작성한다

어떤 방식으로 내용을 구성하든 간에 일단 구성이 끝나면 반드시 개요를 작성해야 한다. 말할 내용의 얼개를 짜는 것을 개요의 작성이라고 한다.

말할 내용과 모든 자료를 나열하기는 어려우므로, 목적과 주제에 따른 주요 내용과 앞뒤의 논리적 관계만을 개요로 작성해야 한다. 토론을 할 때 개요를 머릿속에 기억하고 있으면 주요 논점을 빠뜨리는 실수를 미연에 방지할 수 있다. 또한 그때그때 청자의 반응에 적절하게 대응하는 융통성을 발휘할 수 있다.

개요를 작성할 때는 명확한 문장으로 핵심적 의미만을 메모한 뒤에 말할 내용을 도입, 전개, 결론 등으로 나눈다. 개요를 작성한 것이 여러 장일 때에는 순서가 바뀌지 않도록 번호를 매겨 둔다. 개요는 남에게 보여 줄 필요가 없으므로 수식어 등을 되도록 줄이고 요점을 중심으로 잘 알아볼 수 있게 작성해야 한다. 개요가 복잡하여 명료하지 못하면 실제로 말할 때 참고가 되기는커녕 오히려 혼동을 불러일으킬 수도 있으므로 주의한다.

그 밖에도 논점이 잘 정리되어 있는지의 여부를 살펴봐야 한다. 즉 주요 논점이 주제를 잘 뒷받침하고 있는지, 세부 사항과 논점이 서로 잘 뒷받침하고 있는지 검토해야 한다. 예화나 실화, 통계 자료 등은 괄호로 표시해 놓는다.

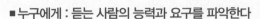

말하기 계획? 누구에게, 무엇을, 어떻게 ✔

■ 누구에게 : 듣는 사람의 능력과 요구를 파악한다

청자 분석은 청자의 지적 능력과 관심 사항을 파악하는 일이다. 이 분석은 청자가 흥미를
갖고 적극적으로 듣게 하기 위한 기본적인 절차이며, 어떤 화제를 어느 수준으로 말할 것인
가를 결정하기 위한 필수적인 절차이다. 청자가 화제에 대해 어느 정도 관심을 갖고 있는지
와 화자에게 기대하고 있는 내용이 구체적으로 무엇인지 밝혀내야 한다.

■ 무엇을 : 주제에 따른 말의 내용을 선정한다

무엇을 말할 것인가를 계획할 때 화자가 말할 내용에 해당하는 것은 주제를 잘 드러낼 수
있는 지식과 자료 및 정보 등이다. 말할 내용을 구성할 때는 사실의 원리와 협조의 원리를
유의해야 한다. 사실의 원리는 화자가 말하는 것이 청자가 충분히 이해할 수 있는 상황이나
생각이어야 한다는 원칙이다. 협조의 원리는 양量의 규칙, 질質의 규칙, 관계의 규칙, 태도
의 규칙이 충족되는 것이다.

■ 어떻게 : 내용과 목적에 따라 화법을 선택한다

어떻게 말할 것인지를 선택한다는 것은 곧 화법을 선택하는 일이다. 화법은 말할 내용과 그
목적에 따라 결정해야 한다.

- **기술 화법** 어떤 지식이나 정보를 청자가 머릿속에 영상화할 수 있도록 묘사하거나 자세
  히 기술하는 화법.
- **설명 화법** 전문적 지식을 전달하려고 할 때 주로 사용하는 화법으로, 주관에 의존하지
  않고 사실을 전하려는 객관적 태도가 필요하다.
- **설득 화법** 누군가를 설득시키고자 할 때 쓰이는 화법으로, 화자의 인격과 내용의 논리
  성이 큰 영향을 준다.
- **시범 화법** 시청각 보조 자료를 이용하거나 화자가 직접 몸동작으로 시범을 보이면서 설
  명하는 화법.
- **환담 화법** 일상생활에서 자주 사용하는 비격식의 화법.

말하기 구성 방법 5가지 ✔

■ 시간과 공간에 따른 구성

시간과 공간의 순서에 따라 구성하는 방법으로, 설명을 목적으로 하는 말하기에 효과적으로 이용된다. 쉽고 편리하다는 장점이 있다.

■ 원인과 결과에 따른 구성

어떤 현상이나 대상에 대해 그것의 원인과 결과를 밝혀 설명하는 방법이다. 어떤 일의 인과를 따져서 자신의 입장을 밝히거나 상대편의 태도나 의견을 바꾸도록 논리적으로 설득해야 할 경우에 유리하다.

■ 문제 해결식 구성

먼저 문제를 제기한 다음 그 해결책을 제시하는 식의 구성 방법이다. 해결 방법이 왜 타당한가를 증명하여 상대편을 납득시키고 그에 따라 어떤 태도를 결정하도록 유도한다. 토의나 회의에서 주로 활용되는 방법이다.

■ 연역과 귀납에 따른 구성

일반 원칙에서 출발하여 개별적인 결론에 도달하는 연역법과, 개별적인 사실들로부터 일반 원칙을 이끌어내는 귀납법을 활용하는 방법이다. 논리적으로 설명하는 데 매우 유용하다.

■ 단계식 구성

말의 내용을 구성하는 데 가장 널리 사용되는 방법으로, 한정된 시간 동안 연사 혼자서 일방적으로 말해야 하는 연설에서 주로 쓰인다.

- **3단계 구성** 도입·전개·결론의 3단계로 구성한다.
- **4단계 구성** 기·승·전·결의 4단계로 구성한다.
- **5단계 구성** 흥미 유발·문제 제기·해결 방법 제시·해결 방법 증명·청중의 변화 유도의 5단계로 구성한다.

토론의 TIP

✚ 잘 듣는 요령

- 시선 : 상대방의 눈 밑을 바라본다.
- 표정 : 감정을 드러내지 않고 편안한 표정을 짓는다.
- 동작 : 필요 없는 행동을 하지 않는다.
- 메모 : 필요한 내용을 기록으로 남겨 둔다.

✚ 잘 말하는 요령

- 상대방을 의식하고 존중하는 태도를 갖는다.
- 분명하고 확신에 찬 태도로 대화한다.
- 이성적이고 냉정한 태도를 유지한다.
- 유머를 이용해 부드러운 분위기를 이끈다.

✚ 토론 말하기의 금기

- 웅변식으로 말하지 말라.
- 강의식으로 말하지 말라.
- 강연식으로 말하지 말라.
- 보고식으로 말하지 말라.
- 보도식으로 말하지 말라.
- 연설식으로 말하지 말라.

✦ 효과적인 설득 방법

상대편의 지식에 호소한다
지적인 힘에 의해 사물을 판단하려는 경향이 있는 사람이면, 그의 지적인 이해에 호소하는 방법을 쓴다.

상대편의 욕구에 호소한다
상대편의 욕구에 맞도록 이야기를 진전시켜 나간다. 예를 들면 생명이나 재산, 신체와 건강, 혹은 성공 및 출세와 관계있는 이야기 등을 가지고 상대편을 설득한다.

사회적인 존경을 받는 사람을 끌어들인다
권위자와 그의 말을 이야기 속에 인용하면 설득력이 배가한다.

되풀이해서 말한다
몇 번이고 주장을 되풀이하면서 설득한다.

정보를 제공한다
문제에 관련되어 있는 여러 가지 정보를 수집해 그것을 상대편에게 제시하면서 설득한다.

사실을 증명한다
문헌적·통계적 사실을 가지고 상대편을 납득시키는 방법은 매우 효과적이다.

상대편의 감정을 풀어 준다
상대편에게 즐거움을 주면서 부드러운 분위기에서 설득하는 것이 중요하다.

인정과 감정에 호소한다
청자의 감정, 인정, 또는 사람의 의리에 호소하면서 설득한다.

귀는 감정을 갖는다

사람은 듣고 싶지 않은 이야기에 대해 귀를 기울이지 않는 일이 많다. 반대로 특별히 듣고 싶은 이야기에 대해 귀를 세우고 전부를 받아들인다.

| 듣기가 감정에 좌우될 때 사고력은 영점 |

듣기는 정도의 차이는 있으나 상당 부분 감정에 의해 좌우된다. 감정이 이야기의 필터 구실을 하는 것이다. 감정은 사람을 귀머거리로 만들기도 하고, 쉽게 마음속 깊이 받아들이게도 한다. 마음속 깊이 뿌리 내린 편견, 개념, 신념, 콤플렉스, 습관, 관념과 대립되는 이야기를 들으면 두뇌는 강한 자극을 받아 반대 방향으로 이끌려 나간다. 이때 감정 때문에 귀머거리가 된 청자는 마음속으로 그 이야기에 반발한다. 경우에 따라 화자를 궁지로 모는 질문을 일부러 하거나 자기 감정을 만족시키는 생각으로 관심을 돌린다.

듣기가 쉬워지는 경우는 마음속 깊이 뿌리 내린 감정을 지지하는 이야기를 듣는 때이다. 감정을 지지하는 이야기에 대해 심리적 장벽은 없어지고, 모든 것이 환영을 받는다. 이야기 내용에 의문을 품지 않고 판단력은 감정 때문에 마비가 된다. 오랫동안 마음속에 품어 온 사상을 지지해 주는 이야기를 듣게 되었기 때문이다. 그러나 사고력은 가장 낮은 수준으로 떨어진다. 다른 사람이 나와 같은 사상을 말할 때는 듣는 것이 유쾌해지며 청자의 태도는 개방적으로 바뀐다.

물론 이상의 반응은 남의 이야기를 들을 때에만 국한되는 것이 아니고, 독서를 하거나 주위를 관찰할 때에도 마찬가지로 나타난다. 그러나 이야기를 들을 때의 반응 방식에는 독특한 문제가 있다. 감정이 뇌를 과도하게 자극하면 효과적인 듣기에 지장이 생긴다는 점이다. 이 감정 필터는 인류 탄생 이래 존재해 온 것이다. 인간의 신념을 지지하는 이야기는 경청의 대상이 되어 수 세기에 걸쳐 계승되어 왔지만, 인간의 신념을 지지하지 않았던 이야기는 누구도 귀를 기울이지 않으면서 현재까지 논의가 이어질 수 없게 되었다.

| 감정의 필터와 싸우려면 |

우리는 감정의 영향을 받지 않고 사실을 객관적으로 받아들이려 하지만 쉽지가 않다. 이때에 다음과 같은 충고가 도움이 된다. '이야기를 끝까지 들어라'가 바로 그것이다. 감정 필터와 싸우는 방법으로 다음 3가지를 소개한다.

• 평가를 삼간다

이것은 학습할 때, 특히 귀를 통하는 학습에서 가장 중요한 원칙 중의 하나다. 여기에는 보통 이상의 자제심이 필요하다. 그러나 성의만 있으면 귀중한 습관으로 만들 수 있다. 남의 이야기를 듣는 최대의 목적은 화자가 말하는 내용의 논점을 파악하는 것이고, 내용에 대한 평가와 결정은 이야기가 다 끝난 뒤에 할 일이다. 이야기가 끝난 뒤에 비로소 화자의 중심 아이디어를 재검토하고 평가할 수 있다.

• 부정적인 증명을 찾아낸다

이야기를 들으면서 자기의 신념이 옳다고 확신하는 일은 흔히 있는 일이다. 그러나 자기가 틀릴지 모른다는 사실을 알아내는 일은 어렵다. 후자를 행하려면 관용의 정신과 넓은 시야가 필요하기 때문이다. 남의 이야기를 들으며 자신이 가진 신념의 부정적인 측면을 찾아내는 것이 이해력을 키우는 중요한 수단이다. 자신의 정당함이 아닌, 자기 잘못을 증명해 주는 것을 찾으려고 시도하면 상대방 의도를 놓칠 위험은 그만큼 줄어든다.

• 현실적으로 자기를 분석해 본다

말하는 상대에 따라 짜증이 난 일이 자주 있지 않은가. 남의 생각이 틀렸다고 느낄 때가 이따금 있는가. 상대가 말한 논점에 대해 심각하게 논쟁한 끝에 결국 이쪽의 주장과 상대편 이야기가 거의 변하지 않았음을 알게 된 경우가 이따금 있는가. 만약 이 물음에 대해 '예'라는 답변이 많다면 이야기를 끝까지 듣는 습관을 기르기 위해 온갖 노력을 기울일 때가 온 것이다.

PART 3

토론의
실전 6단계

심사가 뒤틀려서 논쟁을 하면 아무리 토론해도 남는 것이 없다.

Balthasar Gracian

1단계 논제의 선택
★ 살아 있는 논제가 생생한 토론을 만든다

논쟁을 위한 논제는 아무 의미가 없다

토론에서 다루어야 할 논제가 따로 정해져 있지는 않다. 어떤 논제든 다룰 수 있다. 물론 참가자에게 흥미를 자아낼 수 있는 논제가 가장 바람직한 것은 사실이다. 게다가 토론 참가자들의 지적 욕구까지 채워 줄 수 있는 논제라면 금상첨화다. 논제를 정하는 데 시대적 흐름이나 사회적 배경 또한 무시할 수 없다.

보다 많은 사람들이 관심을 가질 수 있는 논제를 선택하는 것만으로도 토론을 성공적으로 이끌 가능성은 훨씬 커진다. 구태의연한 논제는 토론을 지루하고 생기 없게 만든다. 참신하고 의미 있는 논제는 토론을 활기차게 만든다.

그리고 토론은 그 결과가 어떤 구체적인 실행으로 이어질 수 있는 생산성이 있어야 한다. 단순히 말만 오가는 메마른 논쟁은 아무리 많이 해도 의미가 없다.

논제의 4가지 유형

토론의 논제 유형은 사실에 관한 논제, 가치 판단에 관한 논제, 정책에 관한 논제, 응용형 논제 등 크게 네 가지로 나누어 볼 수 있다.

토론의 초보자에게는 찬성과 반대 또는 긍정과 부정의 양쪽으로 나뉘는 논제가 적합하다. 토론에 어느 정도 익숙해지면 한걸음 더 나아가 응용적인 논제를 선택한다. 가령, '동아리를 활성화하려면 어떻게 하는 것이 좋을까?'와 같은 논제를 주어 두 팀으로 나누어 경쟁시킨 뒤 심판 위원이 판정을 내리는 방식으로 실시한다. 그리고 승리한 팀의 안을 채택한다. 이것을 '문제 해결식' 토론이라고 부른다.

사실에 관한 논제　사실 논제는 가능성이 높은 사실, 이를테면 과거나 현재 또는 미래에 어떤 현상의 존재 유무에 관한 사실을 토론 대상으로 삼는다. 아직 진상이 완전히 밝혀지지 않은 과거의 역사도 흥미로운 논제가 될 수 있으며, 현재나 미래의 사실을 둘러싼 논제도 가능하다. 특히 논제의 언어 표현을 어떻게 하느냐가 쟁점이 되어 논쟁이 벌어질 수도 있다. 원인과 결과라는 인과관계에 얽힌 논제도 넓은 의미로 이 범주에 속한다.

- 아메리카 인디언은 아시아 대륙에서 건너간 몽고인종에 속한다.
- 담배는 인체에 해롭다.
- 인간은 하루에 8시간 이상 수면을 취하지 않으면 건강에 이상이 나타난다.
- 술은 사람 몸에 해롭다.
- 한류韓流는 전 세계로 확장될 것이다.
- 내일은 비가 올 것이다.
- 일부 영어 교사가 영어로 외국인과 회화를 하지 못한다.
- 일부 정치인은 토론을 할 줄 모른다.
- 한국 시장은 개방되어 있다.

가치 판단에 관한 논제 사실 논제가 어떤 사건이나 현상의 유무를 논하는 데 비해 가치 논제는 그와 같은 사실에 대한 가치 판단이 토론의 대상이 된다. 앞에 열거한 사실 논제에 어떠한 가치 판단을 가하면 가치 논제를 설정할 수 있다.

- 이순신 장군은 명장이었다.
- 임권택은 명감독이다.
- 한국인은 독창적이다.
- 회사에서 가장 중요한 부서는 영업부이다.
- 경비원의 태도는 건방지다.
- 진주만 기습은 미국 대통령에게 다시없는 전쟁 개입의 구실을 주었다.
- 존 케네디는 탁월한 대통령이었다.
- 우리나라 영어 교육은 비실용적이다.
- 토론 교육은 정치인과 사업가에게 꼭 필요하다.
- 일본 군대의 재무장은 세계 평화에 위협이 될 것이다.

정책에 관한 논제 최근 텔레비전 토론회에서 자주 거론되는 것이 바로 정책 논제이다. 사실과 가치 판단에 기초하여 특정 정책을 추진해야 한다고 주장하는 논제이다. 현재의 정책이나 제도의 변혁에 대한 어떤 제안을 둘러싸고 긍정측과 부정측이 논쟁을 벌이는 것이다. 가치 논제에 다시 정책 판단을 추가하면 정책 논제가 된다.

- 철도를 민영화해야 한다.
- 대학의 교육 제도를 개혁해야 한다.
- 출산 장려 정책을 확대해야 한다.
- 장애인 고용 지원금을 늘려야 한다.
- 의무 교육을 고등학교까지 확대해야 한다.
- 신원 보증 제도는 폐지되어야 한다.
- 국회 의원의 수를 줄여야 한다.
- 대학 수학 능력 시험을 폐지해야 한다.
- 비정규직을 폐지해야 한다.
- 여성 고용 할당제를 폐지해야 한다.
- 수입 상품의 가격을 내려야 한다.

응용형 논제　응용형 논제는 토의 의제와 유사하게 문제 해결의 성격을 지닌다. 일반적인 토의에서 어떤 화제를 놓고 견해와 주장이 양측으로 대립할 경우가 있다. 이때의 논제 역시 응용형으로 분류한다. 어떤 해결안에 대한 찬반 토론의 형식을 띤다. 다음과 같은 문제 해결을 위한 논제가 주로 응용형 논제에 속한다.

- 생산성을 배가하려면 어떻게 해야 할까.
- 직장 분위기를 활기차게 하려면 어떻게 해야 할까.
- 신규 사업을 성공시키려면 어떻게 해야 할까.
- 히트 상품을 만드는 요소는 무엇일까.
- 경쟁사를 압도하려면 어떻게 해야 할까.
- 투자를 받기 위해서는 어떻게 해야 할까.
- 불량품을 줄이기 위해서는 어떻게 해야 할까.
- 고객 만족 평가에서 좋은 평가를 받으려면 어떻게 해야 할까.
- 신규 회원을 지난해보다 더 많이 모집하기 위해서는 어떻게 해야 할까.

논제의 5가지 조건

어느 유형의 논제이든 반드시 다음의 다섯 가지 조건이 충족되어야 한다.

찬반 양론이 성립되어야 한다　이미 결과가 확정된 것은 토론의 대상이 되지 않는다. 이를테면 '지구는 둥글다', '지구는 자전한다'와 같이 이미 과학적으로 증명되어 반론의 여지가 없는 사실에는 이견이 있을 수 없으므로 논쟁도 성립되지 않는다. 따라서 토론의 논제로 적당하지 않다.

하나의 과제만을 포함하고 있어야 한다　토론을 탁구에 비유한다면 논제는 탁구공이다. 탁구에서 여러 개의 공으로 동시에 경기를 할 수 없듯이, 한 토론에서

두 가지 이상의 과제를 동시에 다룰 수 없다.

다음 논제에는 두 가지의 과제가 포함되어 있다. '대표이사는 주주들의 직접 선거에 의해 선출하고, 그 임기에 일정한 제한을 둔다' 이 경우에 '대표이사는 주주들의 직접 선거에 의해 선출한다'는 것과 '대표이사의 임기에 일정한 제한을 둔다'는 것은 각기 다른 과제이다. 이와 같이 하나의 논제가 서로 다른 두 가지 이상의 과제를 포함하고 있어서는 안 된다.

논제의 표현이 객관적이어야 한다　주관적 표현이 포함된 논제는 긍정측이나 부정측 어느 한쪽을 유리하게 할 가능성이 있다. 예를 들어, '비인도적인 사형 제도는 폐지되어야 한다'와 같은 논제는 긍정측을 유리하게 할 가능성이 있다. '비인도적'이라는 표현 때문이다. 사형 제도가 비인도적인지는 별도의 논의를 필요로 하는 것으로서 객관적 사실로 증명될 수 없는 판단이다. 논제에는 이와 같은 주관적 표현이 포함되어서는 안 된다.

구체적이고 분명한 내용이어야 한다　'국회 운영을 개선해야 한다'와 같은 논제는 지나치게 추상적이다. 이런 논제를 가지고 토론할 경우 실질적인 토론이 이루어지기 힘들다. '국회 의장의 임기를 1년으로 해야 한다'와 같은 구체적 조처가 포함된 논제로 바꿔야 한다. 또 내용이 분명해야 한다. 만일 사용하는 용어 등에 불명료한 것이 있으면 토론에 들어가기 전에 그 해석에 의견 일치를 보아야 한다.

입증할 수 있는 것이어야 한다　자기가 주장하는 바를 증명하는 것이 토론의 기본 원칙이다. 토론자는 자기 주장을 입증할 책임을 진다. 따라서 토론 참가자가 입증할 수 있는 논제라야 토론이 성립한다. 현대 과학으로도 미처 설명하지

못하는 불가사의한 현상, 순전히 어떤 한 개인의 주관적인 감정에 관한 가치 판단 등은 토론에서 다룰 수 없는 논제들이다.

논제를 분석하는 4가지 기준

논제가 선택되면 토론에 앞서 논제를 분석해야 한다. 논제 분석은 수술 전에 의사가 환자를 진찰하는 것과 같다. 의사는 집도에 앞서 환자의 어디가 아프고 잘못되었는지를 알아야 한다. 마찬가지로 토론에 앞서 토론자는 논제를 구체적으로 연구함으로써 그 의미가 무엇인지, 장점과 단점은 어디에 있는지를 파악해야 한다. 논제를 분석할 때는 반드시 다음 네 가지 기준을 지켜야 한다.

배경을 알아야 한다 긍정측이든 부정측이든 모르는 문제에 대해서는 토론을 할 수 없다. 따라서 토론을 하기 위해서는 논제가 갖고 있는 문제의 본질, 역사적 배경, 현재적 중요성 등과 같은 논제의 배경을 알고 있어야 한다. 배경을 정확하게 파악하고 있어야 자료의 수집과 분석이 용이해진다.

용어를 정의한다 논제와 관련된 용어의 정의에 대해 양측의 완전한 합의가 이루어져야 한다. 하나의 용어를 양측이 서로 다른 의미로 사용하면 논의를 진행하는 데 많은 어려움이 따른다. 예를 들어, '국민 연금 제도는 실패했다'라는 명제가 있다면 '실패'라는 용어를 정의하기 위해 양측의 의견 합의가 있어야 한다. 즉 어느 정도의 수준을 실패로 간주할 것인가에 대한 합의된 의견이 있어야 한다. 그렇지 않으면 논의 과정에서 이 용어를 둘러싼 말다툼이 일어날 수 있다.

해결해야 할 문제를 결정한다 효과적인 토론을 위해서는 어떤 문제를 해결하기 위한 논제인지를 명확하게 해야 한다. 또한 해당 문제를 해결하는 데 적절한 논제인지를 분석해야 한다. 그러기 위해서는 다음과 같은 의문점을 검토해 보는 것이 바람직하다.

- 현재의 상황이 만족스럽지 못하다면 어떤 변화를 요구하는가?
- 표면적으로 드러난 상황 뒤에 감추어져 있는 진실은 무엇인가?
- 제시된 해결책은 문제에 대한 최상의 접근인가?
- 다른 해결책은 없는가?
- 제시된 해결책이 이론처럼 실제에 들어맞겠는가?
- 개선책이 현재의 상황을 개선하고, 나아가 그것이 정치적·경제적·사회적·지적·도덕적으로 유익한가?

논점을 나눈다 논제가 결정되고 모든 자료를 논리적 순서로 배열하고 나면 실제 토론에서 다루게 될 다양한 논점들을 정리한다. 이 논점은 토론에서 자기 주장을 펼칠 때 중요하게 부각시킬 쟁점으로서 이미 논제에 포함된 내용이어야 한다. 정리된 논점들은 토론자에게 분담된다. 그리고 각 토론자는 자신이 맡은 논점을 발전시킬 책임을 진다. 논점 배분은 각자에게 비교우위가 있는 것을 중심으로 공평하게 이루어져야 한다.

2단계 논의 구성
☆ 성실한 준비가 승패를 가름한다

논리성 못지않게 성실성도 중요하다

토론은 입론 ➜ 반대 신문 ➜ 최종 변론이라는 논의의 흐름에 따라 논제에 대한 자기측 입장이 정당함을 논증해 나가는 것이다. 따라서 논의를 구성하는 것은 대단히 중요한 작업이다. 이 작업에 의해 토론의 승패가 갈린다고 말해도 과언이 아니다. 준비 부족은 정식 토론에서 곧바로 그 정체가 드러나게 된다.

논의를 구성하는 일은 집을 지을 때 벽돌을 쌓는 일에 비교할 수 있다. 논의를 구성할 때 가장 주의해야 할 것은 논리적 완벽성이다. 하지만 논리적 완벽성을 기하기 위해서는 그 근거가 될 수 있는 자료들을 충분히 수집하고 분석해야 한다. 자료를 수집하고 분석하는 일은 많은 노력과 시간을 필요로 한다. 따라서 성실하지 않으면 제대로 해낼 수 없는 일이다. 토론에서는 과학적 사고 못지않게 성실하고 꼼꼼한 자세도 중요하다는 점을 잊지 말아야 한다.

주장, 사실, 논거가 삼각형을 이루게 한다

논의를 구성할 때는 주장, 사실, 논거가 삼각형을 이뤄야 한다. 이 삼각형의 한 각이라도 뭉그러지면 논쟁에서 패하게 되어 있다. 여기에서 주장은 결론에 해당되며, 사실은 주장을 뒷받침할 수 있는 증거로서 누구나 납득할 수 있는 객관적 사실 내지는 증명된 사실이어야 한다. 논거는 자기 주장을 논리적으로 증명하는 것으로서 사실의 해석을 통해 이루어진다.

다음 형사와 용의자의 심문 과정을 예로 들어 살펴보자.

> 형사　당신은 살인 사건의 범인이 확실하다. 증거를 확보하고 있으니 범죄 사실을 자백하라.
> 용의자　난 범인이 아니다.
> 형사　5월 5일, 밤 10시에 당신은 어디에 있었나?
> 용의자　호텔방에서 원고를 쓰고 있었다.
> 형사　그때 당신이 호텔방에서 원고를 쓰고 있는 걸 본 사람이 있나?
> 용의자　당시 호텔 웨이터가 커피를 가져왔다.

이것을 논의의 3요소에 따라 표현하면 다음과 같다.

> **주장**　나는 범인이 아니다.
> **사실**　나는 그 시간에 호텔방에 있었다. (웨이터가 목격했다.)
> **논거**　내가 동시에 범행 현장과 호텔방에 있을 수 없다.

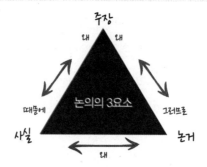

그러나 일상생활에서 갑자기 논의를 벌이는 경우에는 삼각형이 성립되지 않는다.

A 당신의 말은 납득하기가 어렵네요. 도대체 평소에는 아무런 사정 설명도 없다가 느닷없이 나타나 허가를 해달라니, 우리도 마음의 준비가 필요해요.

B 그렇지만 사태가 워낙 심각해서 어쩔 수가 없어요.

A 글쎄요. 제 생각에는 지금의 사태가 반드시 이 안의 허가를 요구할 만한 수준은 아니라고 생각되는데요.

B 그건 잘 몰라서 하시는 말씀이에요. 실제로 현장 상황은 심각해요.

A 현장에서는 뭐든지 심각하다고 해서 탈이에요. 조금 머리를 식히고 다시 생각해 보면 어떨까요.

B 제 입장도 좀 생각해 주세요. 이 안이 통과되지 않으면 전 더는 일을 할 수 없을지도 몰라요.

A 당신의 처지는 충분히 이해가 되지만, 현재로선 필요성을 인정할 만한 근거가 없는 것으로 판단됩니다. 달리 도와줄 방법이 없네요.

A의 입장에서 위의 내용을 논의의 3요소로 표현해 보면 다음과 같이 된다.

주장 이 안을 허가해 줄 필요가 없다.
사실 나의 판단으로는 사태가 아직 충분히 심각하지 않다.
논거 필요성을 인정할 만한 근거가 없으므로 대책을 세울 필요가 없다.

A의 주장은 언뜻 보아 논리적인 것 같지만 사실은 그렇지 않다. '사태가 아직 충분히 심각하지 않다'는 것은 A의 주관에 의한 단정일 뿐 사실 여부가 객관적으로는 증명되지 않고 있다. 토론은 주관적 단정을 객관적 사실로 증명해 나가는 과정임을 떠올릴 때 A의 주장은 성립하기 어려움을 알 수 있다.

B 역시 객관적 사실을 열거했다고 생각하지만 A를 납득시키지는 못했다. '현장

상황이 심각합니다'라는 말로 감정에 호소했을 뿐이다. 그 결과 '심각하다'는 말에 대한 해석을 둘러싸고 논쟁이 벌어질 수밖에 없다. 현장에서 직접 느끼는 사람과 한발 떨어져 관리를 하는 사람이 느끼는 심각함의 정도는 엄청난 차이를 보일 수도 있다.

이때 B는 객관적인 사실에 의한 논증을 좀 더 강력하게 했어야 한다. 즉 지금 당장 해결책을 마련해야 하는 이유를 감정적 호소가 아닌 사실에 의한 증명을 통해 제시했어야 한다. 이를 위해서는 사태의 심각성을 보여 주는 실제적인 사례를 제시하는 것이 가장 효과적이다.

여기서 또 하나 중요한 사실을 알아둘 필요가 있다. A는 '도대체 평소에는 아무런 사정 설명도 없다가……'라는 말로 시작하고 있다. 이는 A가 이미 B를 못마땅하게 생각하고 있다는 증거다. B는 이에 대해 아무런 해명도 하지 않은 채 곧바로 자신의 주장으로 넘어간다. 단순한 감정의 문제로 치부해 버린 것이다. 하지만 토론 과정에서 이처럼 감정이 개입되면 논의가 논리적으로 전개되지 않는다.

따라서 논의에 들어가기에 앞서 상대편 감정을 정상 상태로 만들어 놓아야 한다. 위의 사례에서도 B가 먼저 A의 못마땅한 기분을 풀어준 뒤에 객관적 사실에 기초를 두고 필요성을 논증했다면 설득에 성공했을 가능성이 높다.

사실은 반드시 증명되어야 한다

앞에서 말한 논의의 3요소를 사용한 논리적 설명을 다시 한번 생각해 보자.

주장 나는 범인이 아니다.
사실 나는 그 시간에 호텔방에 있었다.
논거 내가 동시에 범행 현장과 호텔에 있을 수 없다.

이 논증의 방법은 사실 한 단계를 생략하고 있다. 전체 단계를 거친다면 이렇게 된다.

> **주장** 나는 범행 현장에 있지 않았다.
> **사실** 나는 그 시간에 호텔방에 있었다.
> **논거** 내가 동시에 범행 현장과 호텔에 있을 수 없다.

이로써 '나는 범행 현장에 있지 않았다'는 주장이 증명된다. 그래야 그다음 단계로 넘어갈 수 있다.

> **주장** 나는 범인이 아니다.
> **사실** 나는 그 시간에 범행 현장에 있지 않았다. (증명이 끝남)
> **논거** 만약 내가 범인이라면 그 시간에 범행 현장에 있지 않으면 안 된다.

여기서 '나는 범행 현장에 있지 않았다'는 사실은 전 단계에 이미 증명된 사실을 증거로 삼고 있다. 이와 같이 논리적 증명, 즉 논증의 단계는 많은 사실 가운데 증거가 되는 사실을 모아 제1단계의 주장을 증명하고, 그 주장을 사용해 제2단계의 주장을 증명하는 방식으로 한 단계씩 진행되어 최종 단계에 이르게 된다.

위의 예에서 제1단계의 '나는 그 시간에 호텔방에 있었다'는 사실은 이를 직접 목격한 웨이터의 증언에 의해 증명되었기 때문에 타당한 증거로써 사용되고 있다. 어떠한 사실이 증거가 되기 위해서는 반드시 증명되어야 한다.

양측의 논거가 일치하지 않을 경우를 대비한다

사실의 해석인 논거에서 양측의 불일치가 있다면 동일한 객관적 사실을 증거로 사용했다 해도 같은 결론이 나온다고 보장할 수 없다. 논거란 일반적으로 인정되

는 사실로서 설명이나 증명이 필요 없는 자명한 진리이다. 그러나 이 같은 조건을 충족시키는 논거가 늘 존재한다고 단정할 수는 없다.

논거는 결론을 내리기 위한 전제가 되는 것이므로 그 전제가 다르면 결론도 달라진다. 예를 들어, 한 회사에서 '잔업을 해야 한다'는 논제를 가지고 토론을 한다고 가정하자. 이때 반대측은 '잔업을 요구하는 것은 조합과의 협정 위반이다'라는 논거에 입각해서, 반면에 찬성측은 '일의 형편상 협정이 실정에 맞지 않는 경우에는 조합과 융통성을 가지고 협의 조정해야 한다'는 논거에 입각해서 각각 주장을 펼치고 있다고 해보자.

이 경우에는 법률적 해석과 노동 협약에 기초하여 조정을 꾀할 수 있겠지만, 최종 판단은 현실적인 사실 관계를 어떻게 해석하는가에 따라 달라질 수 있다. 따라서 논거 자체가 엇갈릴 경우에는 그것을 조정하고 해소하기 위한 논의가 필요하다. 자연과학과 달리 사회 현상에는 절대적인 진리가 없는 이상 이러한 논거의 엇갈림은 피할 수 없다. 모든 사람은 제각기 서로 다른 가치관과 신념을 갖고 판단하기 때문이다.

논제에 따라서 논거가 엇갈릴 확률이 큰 경우에는 상대가 어떤 논거를 가지고 주장할 것인지에 대한 예측까지도 미리 해 놓아야 한다. 이는 상대가 평소 어떤 생각을 하는 사람인지를 파악하는 데에서 출발한다. 각각의 상황에서 사용할 수 있는 논거들은 어떤 것인지도 알아 두어야 한다. 상대측이 사용할 논거가 무엇일지 미리 예측하고 파악함으로써 그에 대비하는 것은 자신의 논의를 구성하는 일 못지않게 중요하다.

3단계 논증
★처음부터 끝까지 철저하게 증명한다

논리적 엄밀성이 토론의 생명이다

토론이란 자기 주장을 논리적으로 증명해 가는 과정이다. 토론에서 이기려면 자기 주장이 정당하고 합리적인 것임을 논리적으로 증명할 수 있어야 하고, 상대편 주장의 논리적 허점을 찾아내 반론을 제기할 수 있어야 한다. 토론은 설득을 목적으로 하되, 지성에 호소하는 '논리적' 설득이라는 점에 유의해야 한다.

논증은 어떠한 모순도 없어야 하며 처음부터 끝까지 일관되어야 한다. 논증은 아주 조그만 빈틈이나 잘못도 용납하지 않을 만큼 엄격하고 세밀해야 한다. 이러한 논리적 엄밀성은 토론의 생명으로서, 토론의 기술에서 가장 중요한 항목이자 가장 까다로운 항목이기도 하다. 따라서 많은 학습과 훈련을 필요로 한다.

가정假定도 논거가 될 수 있다

17세기 프랑스의 철학자였던 블레즈 파스칼Blaise Pascal은 논리적 증명 절차에 대해 설명하면서 다음 세 가지를 논증에 따른 규칙으로 들고 있다.

- 증명할 필요가 없을 만큼 명백한 것은 논증할 필요가 없다.
- 조금이라도 불분명한 점이 있는 명제는 모두 증명할 것. 증명할 때는 분명한 공리公理, 또는 이미 객관적 사실로 증명된 명제만을 사용해야 한다.
- 언어 표현의 모호성으로 인해 논리를 그르치지 않기 위해 모든 언어 표현을 정확하고 신중하게 한다.

이처럼 어떠한 사실을 증명하기 위한 전제는 그 자체로서 완전히 명증적인 공리나 이미 객관적 사실로 증명된 명제여야만 한다고 파스칼은 주장한다.

반면에, 독일의 수학자 다비트 힐베르트David Hilbert는 단순하고 명확하게 정해진 가정으로 충분하다고 말했다. 그는 몇 가지 가정을 두고, 여기서 논리적인 결론을 끌어내 모순이 없으면 문제가 없다고 했다.

천동설天動說은 사람들의 눈에 비치는 분명한 사실을 기초로 한 것이지만 아무도 그것을 진실이라고 하지 않는다. 오히려 지동설地動說이라는 가정을 따르는 편이 많은 관측 사실을 모순 없이 설명할 수 있다. 일단 가정을 세워 놓고 이를 전제로 많은 사항이 모순 없이 설명될 수 있다면 그 가정은 올바른 전제의 자격을 갖는다.

힐베르트의 주장이 보다 현실적이다. 실제 생활에서는 수학 공식 같은 자명한 공리가 매우 드물기 때문이다.

논증의 5단계

논리적 증명의 단계를 정리해 보자.

- 구체적인 여러 가지 사실과 데이터에서 귀납적인 방법과 연역적인 방법에 의해 비교적 소수의 가설 및 가정 등의 전제를 도출한다.

  ↓

- 각각의 전제를 출발점으로 하여 논리적 절차로써 삼단논법 등을 사용한다.

  ↓

- 그 결론을 구체적인 사실과 데이터를 가지고 다시 한번 비교하여 확인하고 모순이 있는지 여부를 점검한다.

  ↓

- 모순이 있을 경우에 재차 전제를 살펴보고, 전제를 수정하든가 혹은 더 적절한 전제를 선택한다. 그리고 새로운 전제에 따라 논증의 과정을 반복한다.

  ↓

- 이렇게 하여 모순 없이 주장을 증명할 수 있는 설명의 체계가 완성되면, 즉 논증의 과정이 이루어지면 상대와 더불어 토론한다.

결국 논증에서는 '적절한 전제를 선택하는 것'과 이로써 '얻어진 결론을 실제의 사실 및 데이터를 바탕으로 다시 한번 비교해 확인하고, 모순을 해결할 때까지 전제를 수정하고 선택하는 것'이 중요하다.

귀납법과 연역법

전제를 도출하는 방법에는 귀납법과 연역법 두 가지가 있다. 귀납법이란 개별적이고 특수한 사실이나 원리를 전제로 하여 일반적인 사실이나 원리로서의 결론을 이끌어 내는 방법이다. 즉 여러 가지 사실을 관찰하고 비교, 종합함으로써 공통점을 찾아내 결론을 도출하는 것이다. 그것이 원리와 법칙이 되는 경우가 있

고, 사물에 대한 판단을 할 때 전제가 되는 경우도 있다. 예를 들어, '모든 까마귀는 검다'라는 명제는 귀납을 통해 얻은 결론이다.

연역법이란 일반적인 사실이나 원리를 전제로 하여 개별적인 사실이나 보다 특수한 다른 원리를 이끌어 내는 방법이다. 즉 이미 자명하게 밝혀진 공리와 같은 일반적인 원리에서 출발해 정리定理와 연역에 의한 결론을 이끌어 내는 것으로서 '삼단논법'이 그 전형적인 예이다. 귀납법이 경험과 관찰을 필요로 하는 반면에 연역법은 순수한 사유를 바탕으로 이루어진다.

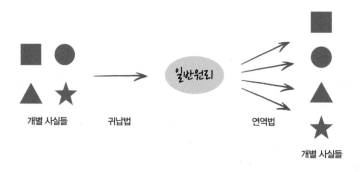

개별 사실들　　귀납법　　　　　　일반원리　　　　연역법　　　　개별 사실들

일상생활과 비즈니스 사회에서는 귀납적 방법이 많이 쓰인다. 자연과학이나 수학과는 달리 명확히 증명된 원리가 부족하기 때문이다. 가령, 범죄 수사에서는 '범행일을 전후해 생활에 변화가 나타나는 자는 범인일 확률이 높다'는 귀납적 원리가 자주 사용된다. 이 원리는 과거의 많은 범죄 유형들을 분석한 결과 도출된 것이므로 충분히 신뢰할 만하다. 서로 다른 종류의 범죄 수사를 되풀이한 결과 이 명제가 사실로 증명되는 경우가 거듭 발생함으로써 점차 그 신빙성이 높아져 하나의 원리로서 자리를 잡은 것이다.

삼단논법의 기본

삼단논법이란 '주어진 명제(전제)에서 출발해 다른 어떤 요소도 끌어들이지 않고 필연적인 결론을 얻어 내는 방법'을 말한다. 삼단논법은 대전제, 소전제, 결론의 3단계로 성립된다. 대전제는 일반 법칙을 나타내고, 소전제는 일반 법칙과 관련된 특정 사실로서 증명이 필요 없는 자명自明한 명제이거나 객관적 사실로서 증명된 명제여야 한다.

그럼 삼단논법의 예를 들어보자.

> **대전제** 사람은 언젠가 죽는다.
> **소전제** A는 사람이다.
> **결론**   따라서 A는 언젠가 죽는다.

대전제와 소전제에 의해 결론은 필연적인 것이 된다. 그 결과 비논리적이고 정당하지 못한 대전제와 소전제에 의해 잘못된 결론을 내리는 경우가 있다. 때로는 대전제와 소전제 각각은 옳지만 전개 과정에 논리적 모순이 있는 경우도 있다. 일상생활과 비즈니스 사회에서는 의외로 이런 경우를 자주 발견할 수 있다.

가령, 다음과 같은 논의가 존재할 수 있다.

> **대전제** 여성의 근무 연수는 짧다.
> **소전제** A는 여성이다.
> **결론**   따라서 A는 회사를 오래 다니지 않을 것이다.

또 다른 예를 들어보자.

> **대전제** 사람은 누구나 곤란한 일을 끝까지 해내는 데서 삶의 보람을 느낀다.
> **소전제** A는 사람이다.
> **결론** 따라서 A는 힘든 일을 끝까지 해내는 데서 삶의 보람을 느낀다.

언뜻 보기에는 별 문제가 없어 보이는 이 두 삼단논법은 모두 타당하지 않은 명제를 대전제로 사용하고 있다. 전자의 경우, 일부 여성에만 해당되는 내용을 전체 여성에게 적용하는 오류를 범하고 있다. 이 전제가 어느 정도라도 타당성을 인정받기 위해서는 객관적 조사에 의한 통계적 수치가 필요하다.

후자의 경우도 마찬가지로 증명되지 않은 사실을 대전제로 사용하고 있다. '사람은 누구나'라는 표현이 문제이다. 그렇기를 희망할 수는 있겠지만 그렇다고 단정할 수는 없다. 희망 사항은 전제가 될 수 없다. 힘든 일을 끝까지 해냈지만 삶의 보람을 느끼지 않는 사람 또한 주변에서 얼마든지 찾아볼 수 있다. 만일 '곤란한 일을 끝까지 해내는 데서 삶의 보람을 느끼는 사람이 그렇지 않은 사람보다 더 많다'라고 했다면 어느 정도 타당할지도 모른다. 하지만 이러한 대전제 아래에서는 'A는 힘든 일을 끝까지 해내는 데서 삶의 보람을 느낄 가능성이 크다'라는 결론밖에 이끌어 낼 수 없다. '가능성이 크다'는 것은 어설픈 주장으로 토론에서는 적절하지 않은 모호한 주장이다.

삼단논법의 기본 규칙을 정리하면 다음과 같다.

> **대전제 A = B** 사람(A)은 언젠가 죽는다(B).
> **소전제 C = A** 홍길동(C)은 사람이다(A).
> **결론 C = B** 따라서 홍길동(C)은 언젠가 죽는다(B).

전제가 잘못되면 궤변이 된다

올바른 논증이 되기 위해서는 전제가 타당해야 한다. 전제를 의도적으로 얼버무리면 잘못된 결론이 올바른 것처럼 논증된다. 이런 것을 흔히 '궤변'이라고도 한다. 궤변이 되지 않으려면 전제는 반드시 타당성을 갖추고 객관적으로 표현되어야 한다.

> **대전제**   어른은 거짓말쟁이다.
> **소전제**   선생은 어른이다.
> **결론**   따라서 선생은 거짓말쟁이다.

이 경우 거짓말을 하는 어른이 있다고 해서 '어른은 거짓말쟁이다'라는 명제가 참이 될 수는 없다.

> **대전제**   어른이 모두 거짓말을 하는 것은 아니다.
> **소전제**   선생은 어린이를 가르치는 위치에 있다.
> **결론**   따라서 선생은 거짓말을 안 한다.

이 경우 전제를 하나씩 따져 보면 틀리지 않지만 논리의 전개는 이상하다. 대전제와 소전제 사이에 개념적 연결성이 없기 때문이다. 이는 삼단논법의 기본 규칙에 어긋난다.

> **주장**   이 제안을 실천에 옮기면 이익이 증가한다.
> **사실**   다른 기업에서 동일한 제안을 실천한 결과 이익이 증가했다.
> **논거**   다른 기업에서 이익을 올렸다면 우리도 이익을 올릴 수 있다.

이 논리는 언뜻 보아 옳은 것 같으나 논거가 어설프다. 많은 사람들이 공감하는 신념이라 하더라도 객관적으로 증명되지 않은 사실은 논거가 될 수 없다. 이렇게 다수의 신념에 근거한 논거는 특정 계층의 일방적인 주장으로 흐르기 쉬우므로 주의해야 한다.

잘못된 논증의 4가지 유형

위에서 설명한 것처럼 타당하지 못한 전제를 사용하거나 거짓 결론을 이끌어 내는 잘못된 논증을 '오류'라고 표현한다. 토론에서 오류는 거짓된 진술을 하게 한다. 가장 저지르기 쉬운 오류의 유형은 다음 네 가지로 정리할 수 있다.

성급한 일반화　사실이 결론을 정당화하지 못하면 일반화는 타당하지 못하다.

> 고삼 저수지에 세 번이나 낚시질을 하러 갔으나 물고기를 하나도 잡지 못했다. 그곳은 낚시질하기에 좋은 저수지가 아니다.

이 결론의 오류는 낚시꾼이 계절, 날씨, 낚시 종류, 심지어 자신의 낚시 기술까지도 실패의 원인이 된다는 것을 고려하지 않은 데에 있다. 그의 결론은 너무 성급하고 취약하다.

거짓 추론　두 가지 이상의 대상을 비교할 때 대상이 본질적인 부분에서 같지 않으면 그 추론은 거짓이고 상대의 공격을 받기 쉽다.

> 경영 대학원과 대학원 경영학과는 둘 다 경영학을 가르치는 교육 기관이다. 둘 다 평판이 좋다. 그러므로 어느 곳을 다녀도 양질의 동일한 교육을 받을 수 있다.

초점에서 벗어난 문제 제기　상대의 기본적인 주장을 비켜 가거나, 상대편 논거의 허점이나 모순이 아닌 인격이나 동기를 논박할 경우 논제에서 벗어난 잘못된 문제 제기라고 볼 수 있다.

1898년 대통령 선거를 위한 중간 선거에서 민주당의 스티븐 더글러스Stephen Douglas와 공화당의 에이브러햄 링컨Abraham Lincoln이 '노예 제도'의 찬반을 두고 벌였던 토론을 예로 들어보자. 더글러스는 링컨의 정치적 동기를 깎아내리고 그의 어릴 적 성장 배경을 빈정대었다. 또한 링컨이 멕시코 전쟁을 반대하는 등 적의 편을 들었다는 발언을 함으로써 문제의 초점을 흐려 놓으려고 했다. 그러나 링컨은 더글러스의 오류를 효과적으로 논박하여 다시 토론을 '노예 제도'라는 논제로 되돌려 놓음으로써 상대를 제압했다.

부적절한 결론　논리 법칙을 어기고 제시된 증거에서 이끌어 낸 결론은 자신의 진술을 약화시킬 뿐이다.

> 모든 시인은 상상력이 풍부하다. A는 풍부한 상상력을 가지고 있다. 그러므로 A는 시를 쓸 수 있다.

상상력이 풍부하다는 것이 반드시 시를 쓸 수 있는 능력을 보장하는 것은 아니라는 데에 이 논증의 약점이 있다.

4단계 줄거리 세우기
★탄탄한 줄거리로 설득력을 높여라

논의를 전개하는 절차를 정한다

토론에서 논제에 대한 자기 주장을 논증하기 위한 논의의 전개와 논제를 증명하는 사고의 전개를 토론의 줄거리라고 한다. 특히 토론을 시작할 때의 입론은 토론 줄거리에 기초를 두고 행해진다. 토론에서 게시하는 그림이나 도표 등도 토론 줄거리를 따라 정리된 내용이어야 한다.

줄거리를 세우는 일은 토론 진행 시 사고의 전개와 분석의 절차를 정하는 것으로서 매우 중요한 작업이다. 이 책의 서두에서 토론이 사고의 방법이라고 한 것을 상기해 보기 바란다.

미리 줄거리를 세워 놓고 이에 따라 논의를 전개하면 논리적 완벽성을 기할 수 있고 더불어 설득력도 한층 높아진다. 특히 여러 사람이 함께 벌이는 집단 토론의 경우 줄거리를 잘 세워 놓지 않으면 논의에만 시간을 빼앗겨 결론을 향한 진전이 지지부진할 때가 많다.

토론 줄거리는 사고, 분석, 문제 해결, 발표, 공개, 논의 등의 절차이자 전개이다. 이 줄거리에 기초를 두어 논제가 분석되고 정보가 수집되면 논리가 구성되어 토론에 나설 수 있게 된다. 특히 입론자는 이 줄거리에 따라서 열변을 토하게 된다.

긍정측 토론의 줄거리

① 논제
주어진 논제를 쓴다. 긍정측과 부정측이 모두 동일하다.

② 긍정측의 주장
논제의 긍정을 주장한다. 긍정측의 목표인 동시에 목적이다.

③ 논제의 어휘와 용어에 대한 정의
논제에 포함되어 있는 어휘와 용어의 의미를 명확하게 한다.

④ 배경과 역사
논제에 관한 배경, 상황, 역사 등을 서술한다. 논제에 대한 전제를 구성한다.

⑤ 현상 분석
현상 파악을 통해 나타난 실태를 명확히 밝히고 떠오른 문제를 기술한다.

⑥ 계획
논제가 계획이 된다. 별도의 계획을 작성해도 좋다. 계획 I, 계획 II로 제안한다.

⑦ 성과
계획의 실천을 통해 얻을 수 있는 성과에 대해 쓴다. 논제의 주장을 증명하는 중요한 항목이다.

⑧ 긍정하는 이유
왜 논제를 긍정하는가를 명확하게 주장한다.

⑨ 결론
전체를 정리하고 요약한다. 결론이기 때문에 정확하게 표현한다.

부정측 토론의 줄거리

①에서 ⑤까지는 긍정측 줄거리와 기본적으로 동일하다. 다만 ② '긍정측의 주장'을 '부정측의 주장'으로 바꾼다.

⑥은 '긍정측 문제점'으로서 긍정측의 주장, 문제, 의문점을 열거한다. 긍정측의 주장을 논박하기 위한 항목이다. 부정측은 계획을 제시하지 않으므로 ⑦ 성과는 생략한다.

⑧은 '부정하는 이유'로, 논제를 긍정함으로써 발생할 수 있는 폐단이나 부정함으로써 얻을 수 있는 이득에 대해 쓰고, 논제를 부정하는 이유를 강력하게 제시한다. ⑨는 긍정측 줄거리와 같다.

토론 줄거리의 실례(긍정측)

토론 논제 성폭력 범죄자의 전자발찌 착용은 합당하다.
긍정측의 주장 논제와 같음
일시 20○○년 ○월 ○일
장소 강당
토론자 A, B, C, D

① 논제
성폭력 범죄자의 전자발찌 착용은 합당하다.

② 긍정측의 주장
긍정측의 주장은 논제를 긍정하는 것이다.

③ 논제의 어휘와 용어에 대한 정의
ㄱ. '성폭력'은 다음 사항을 의미한다.
• 성폭력은 성性과 관련된 신체적, 언어적, 심리적 폭력 일체를 말한다.

- 성폭력은 성희롱이나 성추행, 성폭행 등을 모두 포괄하는 개념이다.
- 신체 접촉에 의한 직접적인 피해뿐만 아니라 수치심을 유발하는 언어 폭력, 간접적인 행위까지도 포함한다.
- 남성, 여성 모두 해당된다.

ㄴ. 전자발찌
- 성폭력 범죄자에게 전자발찌를 채우고 위성 위치 확인 시스템GPS을 이용하여 감시하는 것이다.
- 우리나라에서 사용하는 전자발찌는 발목에 차는 부착 장치, 휴대용 위치 추적 장치, 집에 거치하는 재택 감독 장치로 이루어져 있다.
- 전자발찌를 장착한 감시 대상자는 외출 시에도 항상 위치 추적 장치를 휴대해야 한다.

ㄷ. '합당'은 전자발찌가 성범죄 처벌과 예방에 알맞음을 뜻한다.

④ **배경과 역사**
- 1984년, 미국 뉴멕시코주 지방 법원의 판사인 잭 러브Jack Love가 실용적인 전자발찌를 고안해 특정 범죄 전과자들에게 착용하도록 했다.
- 특정 성폭력 범죄자에 대한 위치 추적 전자 장치 부착에 관한 법률[제정 2007.4.27. 법률 제8394호] (자료1)
- 우리나라에서는 성폭력 범죄자에 대한 전자발찌 착용을 강제하는 법안이 2008년부터 본격적으로 시행되었다.
- 전자발찌 부착자의 재범률은 2%로, 전자발찌를 부착하지 않은 성범죄자들의 재범률인 14%보다 훨씬 낮다. (자료2)

⑤ **현상 분석**
ㄱ. 현상 파악
- 성폭력 범죄가 해마다 늘고 있다. (자료3)
- 다른 나라에 비해 성폭력 범죄의 처벌이 약하다. (자료4)
- 성폭력 범죄의 재범률이 다른 범죄에 비해 높다. (자료5)
- 성폭력 범죄는 다른 범죄보다 재범률이 높기 때문에 출소 후 지속적인 관리가 필요하다.

ㄴ. 문제 분석
- 아동을 대상으로 한 성폭력 범죄가 심각하다.
- 피해자와 피해자 가족의 인권이 침해된다.
- 성범죄 피해자는 극복하기 힘든 후유증에 시달린다.
- 성범죄로 인한 사회적 불안이 확산된다.

⑥ 계획
- 성폭력 범죄자의 전자발찌 착용 제도를 정착시키고 확산되도록 한다.

⑦ 예상되는 성과
- 재범률을 크게 낮출 수 있다.
- 전자발찌 착용자에게 경각심을 주어 범죄 예방에 효과가 있다.
- 예방의 측면에서 잠재적 피해자들의 인권을 보호할 수 있다.
- 사회적 불안이 감소한다.

⑧ 긍정하는 이유
　　이상과 같은 분석을 통해 논제의 합당성과 성과가 분명해졌다. 나아가 우리 긍정측은 본 논제를 더욱 강력하게 지지할 뿐만 아니라 적극 긍정한다. 즉 논제를 긍정하면 문제 분석에서 밝힌 문제가 해소되고 계획에 기초를 둔 성과가 실현된다. 이와 같은 이유로 우리는 단호히 본 논제를 긍정한다.

⑨ 결론
　　성범죄가 매년 증가하고 있다. 이로 인한 피해와 불안감은 삶의 질을 저하시킨다. 특히 아동 성폭력 범죄의 증가는 시급히 해결되어야 하는 심각한 사회적 문제이다. 본 논제에 따르면 성범죄자 전자발찌 착용은 성범죄 재범률을 줄이고 경각심을 높여, 예방 효과는 물론 성범죄로 인한 사회적 불안을 감소시킬 것이다. 또한 피해자와 그의 가족, 그리고 잠재적 피해자들이 안심하고 거리를 다닐 수 있다. 이처럼 일일이 열거하기 어려울 만큼 많은 효과가 있는 이 정책이 하루바삐 정착하고 더욱 큰 효과를 가져오길 바라며 긍정측의 결론으로 삼는다.

토론 줄거리의 실례(부정측)

토론 논제 성폭력 범죄자의 전자발찌 착용은 합당하다.

부정측의 주장 성폭력 범죄자의 전자발찌 착용은 합당하지 않다.

일시 20○○년 ○월 ○일

장소 강당

토론자 E, F, G, H

① 논제

성폭력 범죄자의 전자발찌 착용은 합당하다.

② 부정측의 주장

부정측의 주장은 앞의 논제를 부정하는 것이다. 즉 '성폭력 범죄자의 전자발찌 착용은 합당하지 않다'고 주장한다.

③ 논제의 어휘와 용어에 대한 정의는 긍정측의 정의대로 따른다.

④ 배경과 역사

- 전 세계적으로 전자발찌의 도입이 오래되지 않았다.(자료1)
- 전자발찌의 효과가 확실하게 입증되지 않았다.
- 전자발찌 도입 이후에도 성범죄는 증가하고 있다.(자료2)

⑤ 현상 분석

ㄱ. 현상 파악

- 전자발찌를 차고도 재범을 하는 경우가 많다.
- 전자발찌 착용자들이 일반적인 생활을 영위하기 어렵다.
- 전자발찌 제도를 먼저 도입한 외국도 성범죄에 골머리를 앓고 있다.
- 성범죄자 예방 및 재범률을 줄이는 방안이 다양하지 않다.
- 전자발찌 착용자의 보호 감찰관 인원이 부족하다.

ㄴ. 문제 분석

- 전자발찌를 착용해도 범행이 가능하며 확실한 예방법이 되지 못한다.
- 일사부재리의 원칙(이미 처벌한 사건에 대해서 다시 처벌하는 것을 금지)에

위배되는 이중 처벌이 된다.

• 전자발찌로 인해 원래 형량이 감소되는 역효과를 가져온다.

• 성폭력 범죄를 개선할 수 있는 방안의 다양성을 떨어트린다.

• 예방 효과가 미비해 잠재적 피해자들의 인권이 침해당할 가능성이 있다.

⑥ 긍정측의 문제점

• 착용자의 인권을 침해한다.

• 전자발찌 착용자의 관리 감독이 미흡하다.

• 전자발찌와 같은 부수적인 처벌 대신 성범죄의 형량을 강화해야 한다.

• 약물·정신·심리 치료 등의 방안을 늘려 성범죄의 근본적인 원인을 제거하도록 해야 한다.

⑦ 부정하는 이유

우리는 다음 이유에 기초를 두고 본 논제를 단호히 부정한다.

• 이중 처벌의 문제점이 있다.

• 전자발찌는 인간의 기본권인 신체의 자유 및 사생활의 자유를 침해한다.

• 성범죄를 예방하는 차원이기보다 범죄가 발생하고 난 후에 조치를 취하는 사후 조치로서의 효력밖에는 없다.

• 전자발찌는 국가 권력의 사회 감시 수단으로 악용될 소지가 있다.

⑧ 결론

이상과 같은 분석을 통하여 우리 부정측은 성폭력 범죄자의 전자발찌 착용의 합당성을 강력히 부정한다. 전자발찌는 착용자의 기본권을 침해하며 이중 처벌의 문제점이 있다. 그리고 전자발찌를 착용하고도 범행이 가능하므로 범죄 예방과 사회 불안 감소에도 효과가 미미微微하다. 오히려 국가 권력의 감시 수단으로 전락할 위험성이 있다. 전자발찌보다 성범죄자의 약물·정신·심리 치료에 중점을 두어야 한다. 그러므로 우리 부정측은 '성폭력 범죄자의 전자발찌 착용은 합당하지 않다'고 주장하는 것으로 결론을 삼는다.

문제 해결의 5단계

토론은 문제 해결의 단계에 따라 행해진다. 따라서 줄거리를 세울 때는 문제 해결을 위한 각 단계를 염두에 두어야 한다.

토론에서 다루어지는 문제는 크게 두 종류로 나눌 수 있는데, 하나는 '원인 규명형'이고, 또 하나는 '목표 달성형'이다. 문제 해결의 단계는 일반적으로 '무엇이 문제인가 ➡ 원인은 무엇이며, 목표는 무엇인가 ➡ 대책은 무엇인가 ➡ 어떻게 할 계획인가 ➡ 실행 단계에서 예상되는 문제는 무엇이며, 그 대책은 무엇인가'로 이루어진다.

1단계 : 무엇이 문제인가

'어떤 제품에서 불량품이 발생했다'는 사실은 불량품 발생률이 기준 이상이라는 점만으로도 '문제'로 인정할 수 있다. 논점이 분명하므로 문제에 대한 의견의 불일치가 있을 수 없다. 그러나 'A의 턱수염이 너무 길다'고 했을 때 이것을 과연 '문제'라고 할 수 있을지의 여부에 대해서 의견이 다를 수 있다.

외국의 경우, 택시 기사가 턱수염을 길게 기르고 근무했다는 이유로 인해 해고를 당하자 회사측을 상대로 재판을 걸어 승소한 사례가 있다. 이 사례는 이후에 여러 기업에서 논쟁의 대상이 되었다.

2단계 : 원인은 무엇이고 목표는 무엇인가

원인 규명형 문제의 경우 먼저 원인 파악부터 시작한다. 여기서 원인과 결과의 관계에 대한 논증이 명확하지 않으면 상대방으로부터 공격을 받게 된다. 반대로 이 점을 공격해 상대의 논리를 무너뜨릴 수도 있다. 이때 다음의 공격 방식을 생각할 수 있다.

- 그것은 진짜 원인이 아니다. 진짜 원인은 다른 데 있다.
- 그것은 중요한 원인이 아니다. 중요한 원인은 다른 데 있다.

목표 달성형의 문제는 현재 상태를 개선하기 위해 장래에 실현되어야 할 목표에 대한 것으로 '왜 그 목표가 필요한가'를 논증하는 것이 핵심이다. 현재 상태의 분석을 병행해야 할 경우도 있는데, 이때는 증거가 되는 사실과 사실을 해석할 때의 논거 등이 정확해야 한다. 원인을 규명할 때 그 논거는 바로 인과관계의 규명이다. 목표를 설정할 때는 과거 사실 가운데 있는 인과관계를 파악해 그것을 미래 상황에 적용함으로써 논거를 이끌어 내기도 한다.

또는 가치관과 신념 등을 목표로 내세우는 경우도 있다. '이렇게 하고 싶다'라든가 '이렇게 되어야 한다'는 내용을 목표로 설정하는 것이다. 이때는 주관적인 가치관이나 신념이 하나의 논거가 된다. 따라서 왜 그렇게 생각하는지에 대한 논증이 명확하게 이뤄지지 않으면 안 된다. '나는 본래 그렇게 생각한다'는 식으로는 논의가 이루어지지 않는다.

3단계 : 대책은 무엇인가

참된 원인 혹은 중요한 원인을 밝혀낸 후에는 대책을 세운다. 목표 달성형 문제의 경우 목표의 선명성이 선결 과제이다. 목표가 무엇인지 명확하지 않으면 그것을 달성하기 위한 대책도 마련할 수 없다.

대책을 강구할 때는, 문제 해결의 '전제 조건'과 '제약 조건'을 분명히 해 두어야 한다. 가령, 법률이나 회사 규정 등은 논의할 때 제외하면 안 되는 것이므로 전제 조건이 된다. 제약 조건은 '예산이 없다', '일손이 모자란다' 혹은 '어떤 부서가 협력해 주지 않는다' 등과 같이 문제 해결 시에 대책 수립의 폭을 제한하는 요소들

이다. 제약 조건은 전제 조건처럼 고정된 것이 아니라 노력 여하에 따라 벗어날 가능성이 있으며, 문제 해결 당사자의 판단에 의해 결정되는 측면이 있다. 따라서 무엇을 제약 조건으로 규정하는가는 논의의 대상이 될 수 있다.

대책은 원인을 해소하고 목표 달성의 효과를 증명할 수 있어야 한다. 하지만 '어떻게 되든 일단 해보고 효과를 생각하자'는 식의 대책도 나올 수 있다. 이것 역시 당연히 논의의 대상이 된다.

'대책은 무엇인가'의 단계에서 논점이 되는 것은 다음과 같다.

- 그것은 참된 원인과 중요한 원인을 해소하는가?
- 그것은 반드시 목표를 달성하고 기대되는 결과를 가져오는가?
- 그것은 전제 조건과 제약 조건을 염두에 두고 생각한 것인가?
- 그것은 실행 가능성, 긴급성, 영향 등을 종합적으로 생각한 것인가?
- 그것을 실행할 경우 새로운 문제가 제기되지 않겠는가, 문제가 생겨도 장점이 단점보다 훨씬 클 것인가?

4단계 : 어떻게 할 계획인가

대책을 실제로 어떻게 실행할 것인가에 대한 계획이다. 보통 '실행 계획'이라 부른다. '누가', '언제', '어디서', '무엇을', '어떻게', '어느 정도'로 실행할 것인지를 세세하게 결정한다. 계획을 세울 때는 여러 가지 외부 조건들이 고려되어야 한다. 예컨대, 사람을 모아 조직화할 수 있을까, 관계 부서의 협력을 얻어 낼 수 있을까, 필요 예산이 원활하게 확보될 수 있을까, 필요한 설비와 도구 등이 예정대로 들어올 수 있을까 등이 계획을 세울 때 고려되어야 할 조건들이다. 이러한 조건들이 바로 대책의 실행 가능성에 대한 기초적인 검토 대상이 된다.

만약 실행 계획에 취약점이 있으면 이쪽의 논의 전체가 붕괴되고 만다. 이 언저

리에는 상대를 공격할 자료가 많이 널려 있다. 가령, 다음과 같은 공격적 표현을 쓸 수 있다.

- 전에도 똑같은 경험을 겪었으나 잘되지 않았다.
- 그와 같은 방법이 나의 경험상 잘 진척된 적이 없다.
- 주위에서 협력해 줄 리가 만무하다.
- 돈을 더 쓰지 않고 할 수 있는 방법이 있다.

5단계 : 실행 단계에서 예상되는 문제는 무엇인가

이전 단계에서는 문제 해결상 유리한 면에 초점을 맞추어 논의를 해 왔으므로 의식적으로 나쁜 면을 예상하고 미리 대책을 생각해 두어야 한다. 실행 계획을 상세히 짜서 '만약 여기서 이렇게 되지 않으면', '만약 여기서 전제 조건이 바뀌면' 하고 생각해 본다. 계획 달성에 부정적인 영향을 줄 가능성이 높은 요인을 뽑아내, 만약 그것이 발생하면 어떻게 대비할 것인지를 논의한다.

이것도 실행 가능성을 검토할 때 근거가 되며, 논의의 주제가 된다. 상대에게 '만약 이 같은 문제가 일어나면 계획은 좌절될 것인가, 그렇지 않을 것인가' 하고 날카롭게 추궁해 따진다. 상대가 미처 생각하지 못한 부분을 건드린다면 논제 전체를 무너뜨리는 것도 가능하다.

5단계 시나리오 작성
★ 선제공격으로 주도권을 확보한다

선제공격을 위한 전략을 수립한다

상대편을 내 의도대로 이끌어 가려면, 선제공격을 가하는 것이 유리할 때가 많다. 씨름에서 경기를 시작하려고 양편 선수가 마주 일어설 때 승부의 대부분은 누가 먼저 선제공격을 하느냐로 결정된다.

토론에서도 누가 먼저 공격을 가해 상대편 기선을 제압하는가가 분위기를 많이 좌우한다. 일단 주도권을 확보하면 좀처럼 역전되기 어려우므로, 초반 선제공격으로 자기 쪽에 유리한 분위기를 만들어 놓으면 이길 확률이 그만큼 높아진다.

토론의 시나리오를 작성하는 것은 선제공격을 하는 데 매우 도움이 된다. 토론의 줄거리가 논의를 효과적으로 전개하기 위한 것인 반면에, 토론 시나리오는 토론에서 이기기 위한 전략을 짜는 것이라고 볼 수 있다. 토론에서 이기기 위해서는 상대를 어떻게 공격할 것인지, 반대로 공격받을 때는 어떻게 방어할 것인지에 대한 구체적인 전략이 미리 수립되어야 한다.

선제공격에 유리한 시나리오

시나리오는 대체로 다음과 같은 내용에 따라 구성한다.

> ① **목적** 무엇 때문에 논의를 하는가?
> ② **목표** 이 논의에서 어떤 구체적인 결과를 얻어 낼 것인가?
> ③ **목표 달성을 위한 전체적 줄거리(진행 절차)**
> ④ **각 단계에서 구체적인 의사 교환의 줄거리(논증의 순서)**
> ⑤ **예상되는 반론에 대한 대응책(상황 대응 계획)**

이 가운데 ③, ④, ⑤는 당연히 목적에 따라 달라진다. 가령, '불량품 발생률을 줄이자'는 논의의 경우, 이것을 논제로 삼는 목적과 목표에 대해 양측 어느 쪽도 이론이 있을 수 없다. 현재 불량품이 나오고 있기 때문에 어떻게든 대책을 마련해야 한다.

논의할 요점은 대개 원인과 대책, 대책의 실행 방법, 즉 역할 분담과 시간 예정 등이 된다. 부서별로 이해관계가 다르기 때문에 서로에게 유리한 방향으로 결론을 내기 위한 공방이 벌어질 것이다.

이 문제를 시나리오로 구성하면 다음과 같다.

> ① **목적** 불량품이 발생하지 못하게 하자.
> ② **목표** 발생 억제 실시 계획을 결정한다. 이때 해당 부서의 분담안을 채택한다.
> ③ **전체의 줄거리**
> • 본격적인 논의에 들어가기 전에 긍정적인 분위기를 조성한다. 상대가 최근에 취급한 업무 성과를 칭찬하는 것 등으로 시작한다.
> • 논의의 계기에 대해 설명한다. 예를 들어, 최근에 최고 경영진의 요청이 있었음을 알려 준다.

- 논의를 전개한다. 불량품 발생 원인에 대한 논증, 그에 대한 대책과 실행 계획을 주장—사실—근거의 형태로 쌓아 올린다.
- 예상되는 반론에 대한 응답과 부수적인 논증, 상대편 논증에 대해 반론한다.
- 논쟁점을 정리하고 결론안을 제시한다.
- 논의를 매듭짓는다.

④ 각 장면의 줄거리

앞에 적은 전체 줄거리의 세부 줄거리를 말한다. 특히 논의의 전개와 반론에 대한 세부적인 응답이 이에 해당된다. 이 부분에는 사용할 수 있는 모든 종류의 논쟁 방법을 적절하게 짜 넣어야 한다. 중요한 논리만이 아니라 수사학이나 궤변의 방식도 경우에 따라 쓰지 않으면 안 된다.

논리적으로 취약한 부분이 반드시 있게 마련이므로 그 부분을 어떻게 상대의 관심에서 벗어나게 할 것인지도 미리 대비해야 한다. 특히 절대로 양보할 수 없는 부분에 대해서는 이중 삼중의 방비책을 강구하지 않으면 안 된다. 첫 번째가 깨지면 두 번째로 대항하고, 잘못되면 최종 방법을 동원해 반드시 막아 내는 전술이다. 이것이 소위 '삼단 방어'이다.

⑤ 각 장면 세부의 시나리오

이것은 '예상 문답'의 형태로 해 두는 것이 좋다. 상대편이 들고 나올 가능성이 있는 논거는 무엇인지, 어떤 식으로 논리를 전개해 나갈 것인지 등에 대해 다각도로 예측하고 분석하여 그에 대한 대응책을 철저하게 준비해 두는 것이다.

이처럼 시나리오를 구성할 때는 상대를 공격하기 위한 적극적인 전략을 수립하는 것과 동시에 상대의 공격에 대응하기 위한 방어책도 미리 강구해 두어야 한다.

시나리오는 반성을 위한 자료로 활용된다

이렇게 세심하게 시나리오를 작성해 둔다고 해서 반드시 시나리오대로 토론이 진행되리란 법은 없다. 예상치 못한 양상으로 토론이 전개될 가능성은 언제나 존

재한다. 이런 경우에는 역시 임기응변으로 대처하는 수밖에 없다. 이때 가장 필요한 것이 바로 순발력과 담력이다.

결국 토론에서 이기기 위한 최선의 전략은 착실한 사전 준비와 담력을 쌓는 것이다. 담력은 토론에 참가해 본 경험과 관계가 있다. 그러나 경험만으로 토론의 명수가 된다고 장담할 수는 없다. 경험을 통해 자신의 단점을 반성하고 이를 개선해 나가는 자세가 없다면 같은 상대에게 매번 패하는 결과를 초래할 수 있다. 바둑과 장기에서 대전 후의 반성이 다음 경기의 승리를 이끌어 내는 토대가 되는 것과 마찬가지 이치다.

이러한 반성을 위해서도 시나리오는 필요하다. 시나리오와 실제 토론을 대조해 가면서 논의의 어느 부분이 허술했는지, 어떤 예상이 빗나갔는지, 어떤 논점이 공격의 대상이 되었는지를 살펴봄으로써 똑같은 잘못과 실수를 미연에 방지할 수 있다.

논의 구성의 4가지 유형

시나리오를 작성할 때도 역시 논의를 구성하는 것이 가장 중요하다. 논의를 구성할 때는 논제의 유형에 따라 자신이 강조하고 싶은 논점을 중심으로 골격을 세워 나가야 한다.

문제의 원인을 제거하는 경우　원인을 규명하고 그것을 제거하기 위한 가장 적절한 방법을 제시하는 경우이다. 문제의 근본적인 원인을 찾아내고 그것을 완전히 해소할 수 있는 최선의 대책을 제시하는 것에 중점을 두어야 한다.

- **원인의 규명** 문제는 무엇인가, 어떤 폐해가 생겼는가, 영향력은 어떤가, 원인은 무엇인가, 주요 원인은 무엇인가, 원인 상호 간의 관계는 어떻게 되어 있는가.
- **대책안과 실행 계획의 제시** 실행 계획의 내용은 어떤가, 실행 가능성은 충분한가, 어떤 효과가 기대되는가, 문제가 어느 정도 해결될까, 어느 정도의 이익을 기대할 수 있을까.

기대되는 성과가 클 경우 새로운 목표를 세우고 그것을 달성함으로써 얼마나 커다란 성과를 가져올 수 있는가를 호소하는 경우이다. 중점은 목표 달성의 의미, 이점 그리고 대책안의 유효성을 강조하는 데 있다.

- 새로운 목표와 그 실시 계획
- 목표를 달성했을 때 기대되는 이익과 상황을 현재와 비교

문제의 원인을 불문에 부치는 경우 문제의 원인을 제거하기가 사실상 불가능하거나 원인이 복잡해 그것을 규명하기가 어려운 경우가 있을 수 있다. 이때는 원인을 따지기에 앞서 일어난 문제를 좌우간 어떤 방법을 써서라도 해결하는 것이 중요하다. 원인을 제쳐두고 문제 해결에 주력하다 보면 때로 '문제를 호도한다'는 비판의 소리를 들을 수도 있다. 하지만 실제로는 이와 같은 유형의 문제가 허다하다. 논의의 구성 양식은 '기대되는 성과가 클 경우'를 기준으로 한다.

장래 문제에 대비하는 경우 잠재적인 문제 또는 예상되는 문제에 대응하기 위한 논의의 구성법은 '문제의 원인을 제거하는 경우'에 준하게 된다.

이 네 가지 유형을 주제에 따라 여러 가지로 변형할 수 있다. 요점은 어떤 구성법을 써야 가장 호소력이 있고, 상대에게 허점을 보이지 않을까 하는 점이다. 일반적으로 가장 중요한 부분, 가장 호소력이 있는 부분부터 시작하는 것이 좋다.

반론의 구성

상대편 논리를 무너뜨리는 방법에 대해서는 다음 장에서 자세히 설명하고 있다. 여기서는 앞에 말한 논의의 구성 방법과 대비시켜 반론의 구성법으로 어떤 형태가 있는지 덧붙여 두고자 한다.

앞에 말한 네 가지 유형에 대응해 ①문제-원인-대책-계획-효과와 ②목표-계획-기대 이익의 두 가지 형태를 생각할 수 있다. 각각의 항목에 따라 반론을 전개하면 된다. 특히 유의해야 할 것은 기대되는 효과와 이점에 대해 집중적인 공략을 펴면 효과가 크다는 점이다.

논의 구성의 4가지 유형 ✓

■**문제의 원인을 제거하는 경우**　정확한 원인을 찾아내고 그것을 완전히 해소할 수 있는 최선의 대책을 제시한다.
■**기대되는 성과가 클 경우**　새로운 목표를 세우고 그것을 달성함으로써 얼마나 커다란 성과를 가져올 수 있는가를 호소한다.
■**문제의 원인을 불문에 부치는 경우**　원인을 따지기에 앞서 일어난 문제를 어떤 방법을 써서라도 해결한다.
■**장래 문제에 대비하는 경우**　잠재적인 문제 내지 예상되는 문제에 대응한다.

6단계 단계별 주의 사항
★토론에 실패하는 사람은 그럴 만한 이유가 있다

지금까지 토론의 실전에 필요한 구체적인 기술과 요령에 대해 알아보았다. 토론의 실전에서 가장 긴요하게 필요한 요소인 훈련을 통해 몸에 배도록 해야 한다.

이제 토론의 각 단계에서 흔히 저지르기 쉬운 실수는 무엇인지, 주의해야 할 사항은 무엇인지에 대해 살펴보는 것으로 실전을 마무리하도록 하자.

입론할 때

입론은 논제에 대한 긍정측 또는 부정측의 변론으로서 전체 토론의 초석을 놓는 단계이다. 따라서 준비한 각종 자료와 데이터를 기초로 자기 주장을 설득력 있게 전달해야 한다. 입론을 할 때는 내용 못지않게 형식도 중요하다. 즉 발표를 할 때의 말투나 몸짓 등도 설득력을 좌우하는 요소로 작용한다는 점에 유의해야 한다.

입론을 할 때 주의해야 할 사항은 다음의 여덟 가지로 정리할 수 있다.

- 아래쪽을 향해 말하지 않고, 자세는 바르게 정면을 향한다.
- 탁자에 손을 올려놓기 위해 앞으로 구부리는 자세를 취하지 않도록 주의한다.
- 양복 단추를 모두 채우고 복장을 단정히 한다.
- 건방진 인상을 주는 태도를 보이면 안 된다.
- 자료와 데이터를 지시봉으로 가리켜 가며 변론한다.
- 목소리를 의식적으로 크게 낸다.
- 시간 배분에 유의한다. 도중에 시간이 모자라 허둥대지 않도록 한다.

반대 신문할 때

반대 신문은 상대측 주장의 모순이나 문제점 혹은 의문점 등을 지적하고, 그에 대한 논의를 벌이는 것이다. 이 과정에서 상대를 공격하기 위한 여러 가지 기술들이 동원되는데, 이에 대한 것은 4장을 참조하기 바란다.

나쁜 예 "체벌은 현재 중요한 사회 문제로, 매스컴에서 자주 이 문제를 제기하고 있습니다. 체벌이 문제가 되는 이유는 여러 가지가 있을 것으로 생각합니다. 저는 학교와 가정에서 체벌을 폭력적으로 행사하고 있는 것이 문제라고 생각합니다만, A씨는 이에 대해 어떻게 생각하십니까?"

좋은 예 "A씨, 체벌이 사회 문제가 되고 있는 이유가 무엇이라고 생각하십니까?"

먼저, 나쁜 예에서 보는 것처럼 너무나 분명한 사실을 서두에 말할 필요가 없다.

둘째, '~에 대해 어떻게 생각하십니까?'라는 식의 질문을 피한다. 토론을 처음 하는 사람은 거의 대부분 이와 같은 질문을 던진다. '어떻게 생각하는가?'는 질문이 아니라 상대편의 감상을 묻는 말이 될 수 있다. '아무 생각이 없습니다.' 이런

한마디 말로 상대에게 질문을 차단당하고 만다. 그것으로 질문이 끝나고 더 이상 질문 세례를 가할 수 없게 된다.

'어떻게 생각하십니까?', '어떤 느낌이십니까?'와 같은 질문은 논리적 질문과 는 거리가 있다. 하지만 토론의 기본에 대해 잘 알지 못하는 서투른 사람들은 이 런 유형의 질문을 잘 던진다.

상대측이 길게 말하지 않게 할 것　앞에 말한 것처럼 '~에 대해 어떻게 생각하 십니까?' 등으로 질문을 던지면 상대측의 대답이 길게 이어질 가능성이 크다. 대 답이 필요 이상 지루하게 이어질 때에는 그냥 듣고 있지 말고 중도에 차단해야 한 다. 시간이 제한되어 있으므로 필요한 내용만 청취하면 된다. 불필요한 이야기라 고 판단되면, '잠깐 기다려 주십시오. 이야기는 잘 알겠습니다. 제가 질문한 내용 에 대해서만 답변해 주십시오'라고 말해 상대편의 잡담을 그치게 해야 한다. 법정 에서 변호사와 검사가 증인에게 필요한 사항만을 말하게 하는 질문 방법을 연구할 필요가 있다. 예컨대, 증인이 변호사의 질문과 관계없는 사항을 말하려고 하면 즉 각 '그런 얘기를 듣고자 하는 것이 아닙니다', '범인을 보았나요, 보지 못했나요? 어 느 쪽입니까? 그것만 대답해 주세요'라고 다그침을 당하게 된다.

최종 변론을 할 때

기본적으로 입론 시의 변론과 거의 동일하다. 단지 자주 발견되는 실수는 최종 변론을 지나치게 짧게 하는 것이다. 입론과 반대 신문으로 논의가 중첩되어 내 용을 충분히 알고 있기 때문에 자세히 말할 필요가 없다고 성급히 단정해 버리는 것이다. 그러나 상대는 잘 알지 못하고 있다고 생각하는 편이 낫다. 극단적으로 말하면 입론과 거의 동일한 내용으로 최종 변론을 해도 상관이 없다. 반복의 효

과가 발생해 심판에 대한 설득력을 배가시킬 수도 있다. 제한 시간을 충분히 활용해 변론을 해야 한다. 이 변론에 의해 승부가 좌우된다.

토론에 실패하는 사람의 6가지 유형

토론에 뛰어난 사람들에게 그럴 만한 이유가 있듯, 실패하는 사람들에게도 그럴 만한 이유가 있다. 토론에 실패하는 사람들의 6가지 유형을 통해 토론자가 삼가야 할 태도를 알아보자. 또한 자신이 이런 유형에 속한다면 어떻게 고쳐야 할지도 함께 알아보자.

논점이 명확하지 않은 유형　논의의 대상인 논점을 여러 개 내놓아 토론의 초점을 흐리는 사람이다. 논의의 자료로 논점을 많이 내놓는 것은 나쁘지 않지만, 현재 논의하고 있는 내용과 논점이 무엇인지를 명확히 해야 한다. 요컨대, 논점이 여러 개인 경우에는 차례대로 하나씩 논점을 뽑아 토론에 임해야 한다.

이와 같은 유형은 일상적인 논의와 회의에서 가장 많이 나타난다. 이는 문제를 논리적으로 처리하지 못하기 때문이다. 우리 대부분은 논점을 명확히 정리해 하나씩 차례대로 처리해 가는 습관이 몸에 배어 있지 않다. 그렇기 때문에 토론 시간이 애초 예상보다 길어져 철야를 하게 되거나 별 진전 없이 서로 공박만 하다가 흐지부지 끝나 버리게 되는 것이다.

서론을 지루하게 늘어놓는 유형　서론이 끝나지 않으면 본론을 시작하지 못하는 유형이다. 이런 유형의 사람들은 대부분 서론을 길게 늘어놓는 태도가 습관으로 굳어져 있다. 결론에 대한 자신감이 충분하지 않을 때에도 이런 현상이 잘 나타난다. 서론이 길어지다 보면 정작 중요한 핵심인 결론을 말할 시간을 빼앗기게

된다. 또 중언부언이 많아져 말하는 당사자도 무엇을 말하는지 모르는 지경에 이른다. 하물며 듣는 사람은 얼마나 지루하겠는가.

이런 태도를 고치려면 처음부터 결론을 말하는 습관을 기르는 것이 좋다. 발표를 할 때는 우선 앞부분에 목적과 목표를 명시하라.

질문과 자기 주장이 불분명한 유형   이 유형은 서론이 긴 유형과 흡사하다. 자기 주장을 도도하게 늘어놓는 일에 열중한 나머지 상대편에게 질문하는 것을 깜빡 잊는 경우가 있다. 특히 토론에서 반론을 펴야 하는 시간에 이런 행동을 하는 사람이 의외로 많다. 자신에게 주어진 시간이 끝나가는 줄도 모른다.

한국인은 웅변형 아니면 침묵형, 둘 중 하나이다. 회의에서 발언하는 사람과 끝날 때까지 한마디도 하지 않는 사람이 항상 정해져 있다. 이런 형국이니 균형 잡힌 논의가 드문 것이다. 토론이 이런 식으로 진행되는 데는 사회자에게도 책임이 있다. 공평하게 시간을 분배해 모든 사람이 공평하게 발언하도록 하는 것 역시 사회자의 임무이기 때문이다. 발언하는 사람과 침묵하는 사람이 양극단으로 나뉜 회의에서 사회자에게 고도의 판단력과 기술이 필요한 것이다.

감정에 치우치는 유형   감정에 치우치는 사람은 논쟁에서 패배하기 마련이다. 앞에서도 여러 번 강조했지만, 토론은 어디까지나 논리를 바탕으로 하는 지적인 게임이다. 자료와 데이터로 논증되지 않으면 결코 인정받을 수 없는 냉정하고 엄격한 논의인 것이다.

토론은 서로 대립되는 의견을 놓고 논쟁을 하는 것이기 때문에 감정이 격앙될 때가 많지만 토론에서 이기려면 이런 감정을 잘 다스려야 한다. 논쟁에 강한 사람이란 바로 상대편이 어떻게 나오든 감정의 변화 없이 냉정하게 논의할 수 있는 사람이다.

사소한 일에 정색하고 맞서는 유형　감정에 휘말린 정도가 강해지면 사소한 일에 정색하고 맞서게 된다. 자기의 논지가 의심스럽다는 지적을 받게 되면 화를 내고 반론을 전개한다. 화를 내기 시작하면 논쟁에서 이미 패한 것이나 마찬가지다. 상대를 공격하는 기술 못지않게 중요한 것은 상대의 공격을 적절하게 받아내는 기술이다. 비록 예상치 못한 부분에서 공격을 받더라도 절대 동요해서는 안 된다. 오히려 상대의 공격에서 허점을 찾아내 되받아칠 수 있을 정도가 되어야 한다. 이런 능력은 하루아침에 만들어지지 않는다. 평소 꾸준한 훈련을 통해 순발력을 키우고 담력을 쌓아야 한다.

상대방을 조소하는 유형　예리하게 취약점을 지적당하면 자신을 옹호하기 위해 상대편에 대해 비웃는 듯한 태도를 취하는 사람이 있다. 이것은 토론의 예절에서 크게 벗어나는 실례가 되므로 조심해야 한다. 무의식중에 습관처럼 이런 태도를 취하는 사람이 있다. 이러한 태도는 실례가 될 뿐 아니라 공격의 대상이 되기도 한다. 토론자로서의 자격이 없다고 공격받을 수 있다. 토론자로서의 자격을 인정받지 못하면 그 사람의 주장도 함께 무너지는 것이므로 주의해야 한다.

토론의 TIP

✚ 다양한 메시지 전달 방식 활용

• 두괄식

메시지를 서론 부분에 담는 방식으로 메시지 전달 효과가 매우 크다. 상대 토론자의 관심을 끌기 쉽고, 논리성을 갖추기에도 적합한 방식이다.

• 미괄식

메시지를 결론 부분에 담는 방식이다. 체계적이고 논리적인 측면이 강하지만 강한 메시지를 남기는 데에는 한계가 있다.

• 양괄식

메시지를 서론 첫 부분과 결론 마지막 부분에 이중으로 담는 방식으로 첫 부분에서 관심을 끌고, 마지막 부분에서 한 번 더 강조하는 효과가 있다. 반복을 통한 전달 효과가 크다.

✚ 효과적 메시지 전달의 세 가지 조건

• 복잡하지 않고 간단해야 한다.
• 어려운 용어보다 쉬운 용어를 사용한다.
• 말하고자 하는 바가 분명해야 한다.

✚ 가급적 쉬운 말을 사용하기

• 전문 용어는 풀어 쓴다.
• 외국어는 우리말을 덧붙인다.
• 신조어 및 유행어는 가급적 쓰지 않는다.

✚ 토론의 정확성을 높이는 방법

• 토론의 내용에 순서를 매겨 논리의 체계성을 강조한다.
• 자료의 출처를 밝힘으로써 토론의 공신력을 높인다.
• 상대방의 주장을 듣고, 분석하여 질문 형식으로 확인하는 기법을 이용한다.

✚ 토론자의 유의 사항

• 상대방을 가르치려는 태도를 버려라.
• 토론에서 강연하려 하지 말라.
• 토론을 독점하려 하지 말라.
• 상대 토론자의 기회를 빼앗지 말라.
• 사회자의 진행을 방해하지 말라.
• 지나치게 고집 부리지 말라.
• 화를 겉으로 나타내지 말라.
• 화가 난다고 자리를 박차고 나가지 말라.
• 상대 토론자의 눈치를 보지 말라.
• 상대 토론자에게 아부하지 말라.
• 약간의 긴장 상태를 유지하라.
• 습관적인 몸동작에 유의하라.
• 잘못된 말버릇이 나오지 않도록 하라.

더 알아보기

좋은 논증의 기준

좋은 논증이 되려면 세 가지 기준을 지켜야 한다. 좋은 논증의 전제는 옳거나 승인할 수 있는acceptable 것이어야 하며, 결론의 옳음에 관련 있는relevant 것이어야 하고, 결론의 옳음을 위해 충분한 근거grounds를 제공해야 한다. 이러한 세 가지 기준을 만족시키지 못하는 것은 결함이 있는 논증이다.

| 첫째 기준 : 승인 가능성 |

좋은 논증의 전제는 승인할 수 있는 것이어야 한다. 첫째, 어떤 진술이든 그것이 절대적 진리라고 말하기는 어렵다. 둘째, 설사 어떤 전제가 절대적으로 옳은 것이라 할지라도, 상대방이 그 전제의 옳음을 결정할 수 있는 입장에 있지 않을 경우 상대방은 그 전제를 승인할 수 없다. 예를 들면, 상대방이 그 전제가 옳다는 증거를 손에 넣을 수 없거나 증거가 너무 전문적인 것이어서 이해할 수 없을 때이다. 셋째, 승인이라는 개념은 논증을 교환하는 과정 자체에 뿌리를 두고 있다. 논증자는 대개 반대자나 의심을 품고 있는 사람에게 자신의 결론을 납득시키려 한다. 대개 논증자는 상대방이 승인할 만한 전제, 다시 말해 이성적인 사람이라면 승인해야 하는 전제를 가지고 출발한다. 그러므로 상대방은 전제를 승인하면(좋은 논증의 다른 두 기준이 만족되었다는 가정에서) 논리적으로 결론도 승인하게 된다. 대부분의 논쟁 상황에서 결론에 대하여 의견 일치를 가져다주는 열쇠는 전제를 승인하는 일이다.

| 둘째 기준 : 관련성 |

좋은 논증의 전제는 결론의 옳음에 관련이 있어야 한다. 전제를 승인했을 때 결론의 옳고 그름을 판단하는 데 영향을 준다면, 그 전제는 관련이 있는 전제다. 반면, 전제를 승인해도 결론의 옳고 그름에 아무런 영향도 주지 못하고 아무것도 입증하지 못한다면, 그 전제는 관련이 없는 전제다. 전제가 결론과 관련 있는가 그렇지 않은가는 대체로 그 전제와 다른 전제의 관계에 의해 결정된다. 어떤 경우에는 전제들 사이에 관련이 있다는 것을 명

백하게 드러내기 위하여 추가 전제가 필요할 때도 있다. 전통 논리학의 용어로 말한다면, 결론이 전제로부터 도출되면 그 전제는 '관련 있는' 것이다. 연역 논증의 경우 그 연역 논증이 논리적으로 올바르거나 타당한 형식을 지녔다면, 결론은 전제로부터 도출된다. 타당한 형식을 지닌 연역 논증이란 전제를 승인하면 자연히 결론도 옳은 것이 되는 논증을 말한다. 그러한 경우에 전제가 결론에 관련 있다는 것은 명백하다. 왜냐하면 타당한 형식을 지닌 연역 논증의 경우 결론의 내용은 이미 전제의 내용 속에 포함되어 있기 때문이다.

| 셋째 기준 : 충분한 근거 |

좋은 논증의 전제는 결론의 옳음을 입증하기 위한 근거를 충분히 제공해야 한다. 전제의 종류, 수, 질이 충분히 충족되지 못하면 승인 가능성과 관련성의 요건을 갖추어도 결론의 옳음을 입증하는 데 충분히 강한 전제가 될 수 없다. 이런 논증이 강한 논증이 되려면, 승인할 만하면서도 관련 있는 추가 전제가 필요하다. 결론의 옳음을 강하게 입증하기 위한 근거는 그 논증에 대한 합리적인 도전을 예상하고 그에 효과적으로 응수하는 전제를 담고 있어야 한다. 논증이 이 세 번째 기준을 만족시키지 못하는 유형에는 몇 가지가 있다. 우선 전제에 포함된 증거의 기초가 되는 사례의 수가 너무 적거나, 대표 사례가 아닌 자료에 의거해 증거를 제시하는 경우가 있다. 또 증거가 단지 일회적인 것, 다시 말해서 논증자나 논증자가 알고 있는 몇 사람의 개인적 경험에만 의존하는 것일 수도 있다. 그뿐 아니라 결론의 옳음에 관련 있는 반대 증거가 논증에서 무시되는 경우도 있다. 심지어 결정적인 증거가 논증에서 빠져 있는 경우도 있다.

PART 4

토론에서 이기는
3가지 핵심 전략

토론의 3요소를 공격하라
논리적 허점을 공격하라
적극적으로 반격하라

증명할 수 있는 모든 것은 논쟁할 수 있는 것이다.
논쟁의 여지가 없는 것은 다만 증명할 수 없을 뿐이다.
Georg Simmel

토론의 3요소를 공격하라

토론은 사실(증거), 논거(사실의 해석), 주장(결론)의 세 요소가 모두 갖추어질 때만 완전해진다. 따라서 상대의 논리를 무너뜨리려면 이 3요소 가운데 어느 하나를 무효로 만들면 된다.

사실의 객관성을 놓고 공격하는 방법

사실이 결론이 되려면 반드시 증명되어야 한다. '결근자가 많은 직장은 도덕의식이 낮다'는 대전제를 예로 들어 보자. 이 경우 사실(증거)로서 '이 직장은 결근율이 높다'를 내세웠다.

그러나 구체적으로 조사해 보니 이 직장에는 야간 대학원에 다니는 사람이 네 명 있는데, 이들이 시험 때문에 빠진 날이 결근일에 포함되어 결근율이 높아진 것이었다. 대학원에 다니는 네 명이 시험 때문에 결근한 날을 빼면 이 회사의 결근율은 타 회사보다 높은 편이 아니었다.

결국 '이 직장은 결근율이 높다'는 사실(증거)은 전제로서 무리가 있다. 따라서 이 점을 공격하면 상대방의 주장이 무너질 것이다.

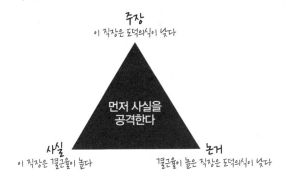

일반적으로 증거에 사용되는 사실을 공격할 때는 다음과 같은 점을 지적한다.

- 사실은 과학적이며, 객관적으로 인정된 것인가?
- 데이터는 해당 분야의 전문가가 만든 것인가, 그 전문가는 신뢰할 만한 사람인가?
- 사실의 조사 방법, 조사 기간, 질과 양 등은 적정한가?
- 데이터는 새로운 것인가?
- 데이터는 주장을 끌어내는 데 정당한 증거가 될 수 있는가?

상대가 내놓은 사실에 대항하는 반증을 제시하면 더욱 좋다. 사실의 허점을 지적하는 방법은 상대를 무너뜨리는 매우 강력한 수단이 될 수 있다. 그런데 지적 수준도 높고 나름대로 논리적이라고 자부하는 사람들도 의외로 증명이 필요한 사실을 기초로 하여 논리를 구성하는 것을 자주 볼 수 있다. 다음에 제시되어 있는 몇 가지 예를 통해 살펴보자.

- **사람은 본능적으로 명령받기를 싫어한다.**(사실)
➜ 능동적인 참여를 유도해야 한다.(논거)
- **사람은 모두 돈 때문에 일한다.**(사실)
➜ 임금 제도가 인사 관리의 가장 중요한 과제이다.(논거)
- **여성에게는 논리적 사고 능력이 없다.**(사실)
➜ 여성은 전략 요원으로 적합하지 않다.(논거)

세 가지 모두 객관적으로 증명되지 않은 사실을 바탕으로 논리를 구성하고 있다. 명령받는 것을 더 좋아하는 수동적인 사람이 있을 수 있고, 돈이 아닌 명예를 위해 일하는 사람도 많으며, 논리적 사고 능력이 뛰어난 여성은 얼마든지 찾아볼 수 있다. 이런 경우 사실에 대한 객관성을 공격하면 논리가 무너지게 되어 있다.

객관적이지 못한 언어 표현을 공격 대상으로 삼는 것도 효과적인 방법이다.

- **민주적인 절차를 거쳐 결정한 것이다.**
➜ 여기서 말하는 '민주적인 절차'란 무엇인가. 모두가 논의 내용을 충분히 들어본 후에 다수결로 결정한 것인가, 단순히 투표로 결정한 것인가, 논의 후 대표자가 단독으로 결정한 것인가 등 어떤 방법을 사용했는가에 따라 그 증거력은 크게 달라진다.

이처럼 충분히 객관적으로 정의되지 못한 용어를 잡아내 객관성을 문제 삼으면 상대를 쉽게 무너뜨릴 수 있다.

잘못된 논거를 공격하는 방법

논거란 어떠한 사실로부터 결론을 이끌어 내기 위한 논리적 근거를 말한다. 결론의 전제가 되는 사실이 참이라 할지라도 논거가 잘못되면 올바른 결론을 이끌어 낼 수 없다. 다음의 예를 보자.

사실 A는 감원 대상자 중 한 사람이다.
논거 감원 대상자는 돌봐 줄 필요가 없다.
결론 A가 스스로 해결해야 한다.

'감원 대상자'는 기업의 해고 예정자를 가리킨다. '감원 대상자는 돌봐 줄 필요가 없다'는 논거에는 어느 정도 주관적인 가치관이 포함되어 있다. 즉 '감원 대상이 된 것은 개인의 책임이며 개인이 노력하지 않은 결과이다', '기업은 자선단체가 아니다', '현대 사회는 생존 경쟁의 사회다' 등의 가치관이 밑바탕에 깔려 있다. 이와 같은 가치관은 절대적인 것이 아니므로 얼마든지 지적할 수 있는 허점을 갖고 있다.

- 상사의 정당하지 않은 평가 때문에 일어설 수 있는 기회를 놓친 사례가 많다. 그들은 피해자이다.
- 한번 나쁘게 평가되면 근무 태도가 더 나빠지는 경향이 있다. 그들을 감원 대상으로 만든 것이 우리들 자신은 아닐까.
- 당신은 '감원 대상자'에게 일을 시켜본 일이 있는가. 혹은 그 실태를 구체적으로 파악하고 있는가. 파악해 보지도 않고 어떻게 그러한 논거를 세울 수 있는가.
- 당신은 인정도 없는가. 같은 월급쟁이로서 가슴이 아프지 않은가. 그래 가지고 관리자가 될 자격이 있는가. 회사의 경영 방침은 '사람을 살리고 키우는 것' 아닌가. 당신은 이 방침에 어긋나는 것이 아닌가.

'그들은 피해자다'라든가 '그들을 나쁘게 만든 것이 우리들 자신은 아닐까'라는 지적에는 다분히 감정적인 어투가 포함되어 있다. 이는 일종의 심리적 협박으로서 가치관에 기초한 논의에서 효과적인 공격 방법이 될 수 있다.

일반적으로 상대측의 논거를 공격하려면 다음 사항을 지적하면 좋다.

- 사실에 대한 해석이 올바르지 못하다.
- 사실에 대한 별도 해석이 가능하다.
- 사실이 결론을 끌어내기에 충분한 내용을 갖고 있지 않다.
- 사실을 확대 해석하고 있다.

주장 자체를 무너뜨리는 방법

상대의 주장 자체를 부정하는 공격 방법 중 하나이다. 즉 상대측과 전혀 다른 사실과 논거로써 부정적 결론을 이끌어 내어 정면으로 부딪치는 것이다. 이 경우 핵심은 아래와 같다.

- 상대와 대립되는 결론을 채택한 경우의 이점을 강조한다.
- 상대편이 논점으로 다루지 않은 것을 논점으로 삼는다.

여기서 셰익스피어가 쓴 《줄리어스 시저Julius Caesar》의 한 장면을 예로 들어 보자. 시저를 원로원에서 암살한 브루투스는 왜 시저를 암살하지 않으면 안 되었는가를 호소한다. 브루투스의 사정을 들은 군중은 그의 말에 공감하고 흥분을 가라앉혔다. 브루투스가 승리를 뽐내고 사라지자 이번에는 안토니우스가 나타난다. 그는 웅변가인 브루투스가 최대한의 수사학을 구사해 민중을 움직여 놓은 상황에서, 그와는 다른 자기 주장을 민중에게 호소하지 않으면 안 되었다. 안토니우스는 어떻게 브루투스에게 반론을 제기했는가. 그는 새로운 사실과 논거를 극적으로 제시

해 결국 브루투스의 주장을 전복해 버렸다.

먼저 브루투스가 등장한다. 그의 호소에 의하면, 시저는 황제가 되고자 하는 야망을 품고 있었다. 공화제 로마에서 그것은 정치 형태의 근본적 변혁을 의미한다. 독재의 위기에서 공화제와 국민의 자유를 지키기 위해 할 수 없이 시저를 살해한 것이다. 연설 중에 브루투스는 다음과 같이 질문을 던진다. "여러분은 시저 한 사람이 살고 모두가 노예로서 죽기를 바라고 있습니까? …… 여러분 가운데 스스로 노예의 신세를 바라는 천하고 비열한 사람이 있습니까? 만약 있다면 이름을 대고 나오시오. 그 사람한테만은 내가 죄를 지었소. 누가 있습니까? 로마인이 되기를 바라지 않을 만큼 불손한 인물이? 만약 있다면 말해 주시오. 그 사람한테만은 내가 죄를 지은 것입니다. 누가 자기의 조국을 사랑하지 않을 만큼 비열한 남자가 있습니까? 있다면 말해 주시오. 그 사람한테만은 내가 죄를 지은 것입니다. 자, 대답을 기다리겠습니다."

이것은 일종의 협박이다. 누가 이름을 대고 나올 것인가. 민중은 브루투스가 말한 내용을 받아들일 수밖에 없지 않을까. 브루투스의 호소는 사실 논리의 트릭으로 장식되어 있다. 브루투스는 자기가 시저를 살해한 이유에 대해 '여러분은 시저 한 사람이 살고, 모두가 노예로서 죽기를 바라고 있습니까?'라는 반문으로 설명하려 하고 있다. 이것은 비약이다. 시저가 황제가 되면 모두 노예가 된다는 근거는 없다. 여기서 단순한 상상을 사실인 것처럼 호도하고 있다. 자신의 억측에 불과한 것을 사실인 것처럼 주장하고 있다. 그러나 민중은 이 호소에 움직이고 열렬한 환호성과 함께 브루투스를 지지했던 것이다.

이때에 안토니우스가 등장한다. 그는 브루투스가 호소한 사실이 실은 억측에 불과한 것임을 민중 앞에 속속들이 드러낸다. "생전에 시저는 많은 포로를 로마에 끌고 돌아왔습니다. 그들의 몸값은 전부 국고에 수납되었죠. 이와 같은 시저

의 태도에 개인적 욕심을 조금이라도 찾아볼 수 있습니까? 가난한 사람이 굶주려 우는 것을 보고 시저도 눈물을 보였습니다. 야심을 가진 사람이라면 좀 더 냉혹해야 하지 않을까요? 그러나 브루투스는 말합니다. 시저는 야심을 품고 있었다고 말입니다. 물론 브루투스는 공명정대한 사람입니다. 모두가 보아서 알고 있을 것입니다. 지난 축제 때 나는 세 차례나 시저에게 왕관을 바쳤습니다. 그러나 시저는 그것을 모두 거절했습니다. 과연 이것이 야심입니까? 그러나 브루투스는 말합니다. 시저는 야심을 품고 있었다고 말입니다. 물론 브루투스는 공명정대한 사람입니다."

이와 같이 안토니우스는 민중이 직접 알고 있는 사실을 열거함으로써 브루투스가 말한 야심이란 표현의 허점을 지적하고 있다. 그러면서 '브루투스는 공명정대한 사람이다'라며 대조를 보인다. 이 대조에 의해 지금까지 브루투스의 모습이 가면에 지나지 않음을 말하려 하고 있다. 그 후에 안토니우스는 시저가 민중을 그의 상속인으로 지정하고 있음을 밝힌다. 자연스럽게 민중의 물욕을 자극한 것이다. 그리고 다시 안토니우스는 무수한 상처가 생생할 뿐 아니라 입을 벌린 채 선지피로 얼룩진 시저의 유해를 민중의 눈앞에 거칠게 들이댄다. 동시에 자신을 정당화한다.

"내가 여기에 온 까닭은, 친구여, 여러분의 마음을 속이기 위해서가 아닙니다. 본래 나는 웅변가가 아닙니다. 이 점에서 브루투스와는 비교도 할 수 없습니다. 누구의 눈에도 분명한 것처럼 보잘것없는 한낱 야인에 불과합니다. …… 재주와 슬기도 없으려니와 언변도 없습니다. …… 말도 서투르거니와 설득력도 모자랍니다. 여러분의 피를 들끓게 하는 일은 생각조차 할 수가 없습니다. 나는 다만 있는 그대로를 말할 뿐입니다. 여러분 자신이 알고 있는 것을 알려 주고, 여러분을 향한, 사랑하는 시저의 저 말하지 못하는 애처로운 입을 가리키고, 여러분 자

신이 나를 대신해 말하게 할 뿐입니다. 만약 내가 브루투스라면 아마 여러분의 마음을 흥분시키고, 이 시저의 상처에 대해 일일이 말하게 하고, 로마의 돌마저도 선 채로 소란을 일으킬 만큼 이곳을 흥분의 도가니로 몰아넣을 것이 틀림없습니다."

'그렇다. 난리를 일으키자!', '브루투스의 집에 불을 지르자!' 성난 군중이 대거 복수를 위해 브루투스에게 달려간 뒤 안토니우스는 혼자서 득의의 미소를 지었다.

브루투스와 안토니우스의 승부에서 안토니우스가 승리한 요인은 무엇인가. 그것은 각자 대중에게 전달하려고 하는 주장의 정당한 증거를 어떻게 '사실답게' 표현했는가에 있다. 안토니우스는 사실의 전부를 말하지 않았다. 그는 자신의 주장을 더욱 효과적으로 전달하기 위해 필요한 증거만을 의식적으로 선택했다. 그럼으로써 사실다움을 '만들어 낸' 것이다. 이것은 교묘한 수사법이다. 또 마지막 부분에서 자기가 여러 측면에서 브루투스보다 못하다는 점을 강조하고 있으나, 이것이 오히려 '있는 그대로를 말할 뿐이다'라는 자신의 말에 한층 신뢰감을 부여하는 효과를 얻고 있다. 이 부분 역시 의식적으로 만들어 낸 수사법이다.

브루투스와 안토니우스의 논쟁을 논의의 3요소로 구성하면 다음과 같다.

브루투스의 입장

주장 시저를 죽일 수밖에 없다. (내 행위는 정당하다.)
사실 시저는 황제가 되고자 했다.
논거 시저가 황제가 되면 민중은 모두 노예로 죽게 된다.

안토니우스의 입장

주장 시저를 죽여서는 안 된다. (브루투스의 행위는 부당하다.)
사실 시저에게 황제가 되고자 하는 야심은 없었다.
논거 야심이 없는 시저를 죽인 것은 용서할 수 없는 행위다.

이 구성에서 분명하게 드러나듯이 브루투스가 증거로서 채택하고 있는 사실과 논거는 전혀 증명되고 있지 않다. 이에 비해, 안토니우스는 민중이 잘 알고 있는 사실만을 선택했기 때문에 증명된 것처럼 보이는 데 성공했다. 또한 보편적인 윤리로서 논증이 필요 없는 자명한 진리를 논거로 사용하고 있다. 이렇게 안토니우스는 브루투스와는 전혀 다른 사실과 논거를 내세워 결론을 이끌어 냄으로써 브루투스의 교묘한 수사법에도 불구하고 승리할 수 있었다.

논증이란 이와 같은 것이다. 상대편으로 하여금 이쪽이 제시하는 사실과 논거를 믿게 하여 패배했다고 자인하게 해야 한다. 누구나 판단에 필요한 모든 객관적 사실을 모을 수는 없다. 남에게 들은 바 있는 간접적인 사실과 추측 등을 판단의 데이터로 삼지 않을 수 없는 것이다. 따라서 중요한 것은 필요한 모든 사실을 모으는 것이 아니라 자기의 논리에 유리한 사실들을 선별하는 일이다.

토론의 3요소를 공격하라

- 사실의 객관성을 놓고 공격하라.
- 잘못된 논거를 공격하라.
- 주장 자체를 무너뜨려라.

논리적 허점을 공격하라

토론에서는 최선의 방어도, 최선의 공격도 논리적 엄밀성에 달려 있다. 논리를 전개하기 위해 사용하고 있는 용어, 논점, 추론 방식, 논의 전개 방법 등이 모두 공격의 대상이 될 수 있다.

용어의 정의를 공격하는 방법

상대편의 논리적 허점을 지적할 때는 먼저 상대편이 논리를 펴는 데 사용하는 기본 용어인 '키워드keyword'를 제대로 정의하고 있는지 봐야 한다.

예를 들어, '올해 신입 사원은 패기가 없다'라고 주장할 때, 이 주장이 올바른지를 논의하기에 앞서 '신입 사원'의 범위가 어디까지인지 명확히 따져 보아야 한다. 즉 대졸자와 고졸자를 모두 포함하는지, 남자 사원과 여자 사원을 모두 포함

하는지 등을 정의해야 한다. 그렇게 하지 않으면 논의가 진행되는 도중 자기에게 불리한 사태가 일어나면 "제가 말한 신입 사원은 대졸 남자 사원을 가리킵니다. 고졸자나 여자 사원의 경우 숫자도 적고 입사 동기와 회사에서의 기대 수준도 다르므로 당연히 제외한 것입니다"라는 식으로 빠져나갈 수 있다.

마찬가지로 '패기가 없다'는 것이 구체적으로 어떤 태도, 사고, 행동을 가리키고 있는지에 대해서도 분명히 해야 한다. 단순히 태도가 얌전하다는 것인지, 사고가 진취적이지 못하다는 것인지, 시키는 일 외에 안 한다는 것인지, 시킨 일조차 만족스럽지 않게 처리한다는 것인지 등등 정의를 내리는 방식에 따라 상당한 차이가 있다. 이에 대한 정의를 내리지 않으면 앞선 예와 마찬가지로 논의 도중에 "내가 패기가 없다고 한 것은 단지 겉으로 보이는 모습이 느긋하다는 의미이지 개인의 내면을 말한 것이 아닙니다" 등으로 빠져나갈 수 있는 구실을 제공한다.

경우에 따라서는 용어의 정의를 지적하는 과정에서 상대편 주장의 초점을 흐리게 할 수 있다. 용어의 정의를 분명히 밝히는 과정에서 '패기가 없다'는 것이 사실은 '지시가 없으면 움직이지 않는 습성이 배어 있다'는 것을 의미하는 것으로 드러났다고 가정하자. 사실 상대편이 주장하고 싶었던 것은 '올해 신입 사원은 자발적으로 일을 하려는 마음이 결여되어 있다'는 것이었다. 그런데 '지시가 없으면 움직이지 않는 습성이 배어 있다'는 말에는 '지시를 받은 일에 대해서는 열심히 한다'는 의미가 내포될 수 있다. 최소한 '일을 하려는 마음이 결여되어 있다'는 증거로 보기는 어렵다. 이렇게 되면 상대는 이 주장을 증거로 하여 논의를 계속해 나갈 수 없다.

토론에서 기본이 되는 수단은 바로 '언어'이다. 언어 표현에 의해 자기 주장을 논증해 나가는 것이 바로 토론이다. 따라서 정의가 명확하지 않은 용어 등의 언어 표현을 지적하는 것은 매우 강력한 공격 방법이 될 수 있다.

빗나간 논점을 공격하는 방법

상대편이 설명하는 논점이 지금 전개하고 있는 토론과 무관한 경우가 있다. 상대편은 자기 논리의 취약점을 얼버무리기 위해 별 관계가 없는 논점을 드러내 이치에 맞는 것처럼 설명한다. 때로는 의도하지 않은 상태에서 무심코 설명을 하는 도중에 논점을 벗어나는 경우도 있다. 이때 기회를 놓치지 말고 이 점을 지적해 상대편 기세를 꺾어야 한다.

가령, 신제품 개발의 정체로 판매 활동이 부진하여 '신제품의 개발 속도를 가속화해야 한다'는 주제로 토론을 벌인다고 가정해 보자. 이때 신제품 개발부와 관리부는 대립적인 입장을 보이며 논쟁을 벌이게 된다.

"지금까지 우리는 열심히 일해 왔습니다. 여기에서 더 바빠지면 새로운 기술을 익힐 겨를이 없습니다. 회사는 우리를 허수아비처럼 생각하는 건 아닌가요. 회사에서 그렇게 생각하고 있는 한 신제품의 개발은 계획대로 진전되지 않을 것입니다"라고 개발부에서 주장한다고 가정해 보자.

이러한 주장은 조리가 맞는 것처럼 보인다. 하지만 자세히 들여다보면 현재 논의 중인 주제와는 거리가 있다. 그저 '최선을 다하고 있으니 우리 입장을 헤아려 달라'고 요구하고 있을 뿐이다. 현실적으로는 충분히 이런 요구를 할 수 있지만 토론의 주제에는 벗어나 있다.

이런 경우 관리부에서는 "이 주제는 우리가 신제품 개발을 서두르기 위해 무엇을 할 것인가에 중점을 두고 있으므로 개발부의 요구는 이 논의가 마무리된 뒤에 별도로 논의하는 것이 좋겠습니다"라고 지적함으로써 개발부를 공격할 수 있다. 그래도 개발부가 계속해서 '회사가 우리를 허수아비처럼 생각하고 있다'는 것을 증명하기 위한 설명을 한다면 "개발부 직원들의 처우 개선 문제도 중요한 사안이기는 하지만 현재 시급한 사안은 신제품 개발입니다. 현재 시급히 해결해야 할

문제와 시간을 두고 해결해야 할 문제를 혼동하면 안 됩니다. 시급한 사안을 먼저 다루어야 합니다"라고 지적할 수 있다.

이런 식으로 상대가 주제에서 벗어난 논점을 이야기하려고 할 때, 그 부분을 정확하게 지적해 주면 대부분 당황하며 허둥대게 된다. 상대편이 당황하면 자기편에 유리한 분위기가 조성되었다는 뜻이므로 한층 더 강력하게 주장을 펴 나갈 수 있게 된다.

성급한 일반화를 공격하는 방법

귀납적 추론은 다수의 특정 사실에서 하나의 일반 원리를 끌어내는 것이다. 그런데 충분하지 않은 사실들을 성급하게 일반화하여 얻어진 결론을 근거로 하는 논의를 의외로 자주 볼 수 있다. 예를 들어, '지하철에서 자리를 양보하지 않는 젊은이가 많다', '회사에서 상사에게 인사를 안 하는 신입 사원이 많다'는 사실에 귀납하여 '요즘 젊은이들은 예의가 없다'는 결론을 끌어냈다고 하자. 이 귀납법은 '~하는 젊은이가 많다', '~하는 신입 사원이 많다'고 할 때, '많다'는 정도를 애매하게 처리하여 무리한 일반화를 시도하고 있다.

더욱이 '요즈음 젊은이들은 예의가 없다'는 결론에서 '예의가 없다'는 것이 구체적으로 어떤 사고와 행동을 가리키는지가 애매하다. 용어에 대한 정의가 불명확하기 때문이다.

사실 귀납적 추론에 대한 공격은 매우 빈번하게 일어난다. 누구나 모든 사실을 완벽하게 모을 수는 없기 때문이다. 그렇다고 모든 사실을 완벽하게 모아야만 귀납적 추론이 가능한 것은 아니다. 누구나 충분히 납득할 만한 수준이면 된다. 그러기 위해서는 최대한 많은 객관적 데이터를 모아 논증에 힘써야 한다.

이 경우에는 이렇게 공격하면 된다. "당신이 예로 든 사실은 사실의 일부분에

불과한 것 아닌가요. 나는 지하철에서 노인에게 자리를 양보하는 대학생들을 자주 보았는데, 당신은 이 같은 사실을 무시하고 있습니다."

만일 상대가 '그것은 예외적 경우이기 때문에 많은 젊은이라고 말한 것이다'라고 반론해 와도 염려할 필요가 없다. "예외라고 하지만 통계를 내본 적이 있나요? 단순히 개인적인 관찰을 기초로 일반화를 하면 곤란합니다"라고 대응하면 된다.

거짓 삼단논법을 공격하는 방법

연역법은 일반 원리에서 개별적인 사실과 현상을 추론해 내는 방법인데, 그 대표적인 형태는 삼단논법이다. 삼단논법은 각각 올바르다고 증명된 대전제와 소전제를 통해 필연적인 결론을 도출해 내는 절차이다. 그러나 때로는 이 올바른 절차를 밟지 않을 때가 있다.

> **대전제**　회사 내에서 제안할 경우 관련 부서가 찬성을 하면 성공할 수 있다.
> **소전제**　이 제안에 대해 관련 부서의 찬성을 얻기가 불가능하지 않다.
> **결론**　　이 제안은 반드시 성공한다.

이 삼단논법의 대전제와 소전제는 각각 증명되었다고 가정한다. 그렇다 해도 조금 이상하다. 왜 그럴까? 먼저 소전제가 '~가 불가능하지 않다'로 되어 있다. 이것은 '반드시 가능하다'를 의미하지 않는다. 따라서 결론이 '~은 반드시 성공한다'로 이어지지 않는다. 이 논법에 궤변이 들어가 있다. '불가능하지 않다'가 '반드시 가능하다'와 같은 뜻으로 믿게 하고 있다. 결론의 '반드시'도 여기서 갑자기 들어가 주장을 정당화하려 하고 있다.

상대가 만일 삼단논법을 사용해 추론을 하고 있다면 우선 대전제와 소전제가

각각 증명된 사실 또는 원리인지, 대전제와 소전제 사이에 개념적 연관성이 적절한지, 그리고 대전제와 소전제를 통해 결론을 연역해 낸 과정이 논리적인지를 살펴야 한다. 이 세 가지 가운데 한 가지라도 허점이 있다면 삼단논법은 거짓이 되므로 이 점을 공격하면 된다.

부적절한 인과관계를 공격하는 방법

원인 규명형의 논제일 때 원인을 밝혀내는 가장 일반적인 방법은 인과관계에 의한 설명이다. 그런데 간혹 원인–결과의 관계가 아닌 것을 마치 인과관계인 것처럼 증명하려는 경우가 있다.

가령, 어느 공장의 제조 현장에서 5마력짜리 모터가 타 버렸다. 현장의 기술 책임자는 이 사건에 대한 인과관계를 다음과 같이 추론했다.

> 기름이 떨어졌기 때문이다 ➡ 작업자의 주의가 부족했기 때문이다 ➡ 감독자의 관리가 허술했기 때문이다 ➡ 감독자의 관리 의식이 결여되었기 때문이다 ➡ 감독자의 책임 권한이 불명확하기 때문이다 ➡ 우리 회사의 조직 규정이 불분명하기 때문이다

공장의 모터가 불탄 원인이 인과관계에 의한 추론을 거쳐 마침내 조직 규정이 제대로 갖추어지지 않았기 때문으로 결론이 나 버린 것이다. 더구나 이 추론에서 언급하고 있는 원인들은 하나같이 그것을 제거하는 데 많은 시간과 노력을 필요로 한다. 그렇다면 과연 모터 하나 때문에 이토록 많은 노력을 낭비해야 한다는 데에 동의할 사람이 얼마나 있을까?

이 사례는 원인을 일반화 내지 추상화한 데에 잘못이 있다. 특정 모터의 기름이 떨어진 직접 원인은 작업자 일반이 아니고 특정 작업자에게 있다. 그렇다면 감독

자의 지도 부족으로 확대·비약하지 말고, 특정 작업자에 대해 지도가 부족했는지 사실대로 분석해야 한다. 원인 규명은 여기서 그쳐야 한다.

이처럼 원인을 규명하기 위한 논의에서는 일반적이고 추상적인 원인을 이끌어내는 '논리적 비약'이 종종 사용된다. 이렇게 되면 인과관계를 파악하는 것이 어려워 문제의 진상이 감추어진다. 이는 토론에서 언제나 공격의 대상이 된다.

일반적으로 기업의 경영 관리에서 발생하는 대부분의 문제는 자연과학의 문제와는 달리 정확히 인과관계를 밝힐 수 없는 경우가 많다. 따라서 다루려고 하는 문제가 이러한 종류일 때는 역으로 공격당하지 않도록 충분히 연구하고 준비할 필요가 있다.

때로는 어떤 제도나 현상이 아닌 특정 사람을 원인으로 지목하는 경우가 있다. 원인을 규명할 때 사람이 개입되어 있으면 성격, 감정, 이해관계 등이 복잡하게 얽혀 그것들이 어떻게 원인을 만들고 있는가를 파악하기 힘들다. 사람은 자기 마음속을 남에게 드러내 보이기를 좋아하지 않는다. 따라서 사람에게 원인이 있는 것 같아 보여도 사람의 마음속은 추측과 가정에 의해 알 수밖에 없기 때문에 원인으로 지적하는 데 많은 무리가 따른다.

사회 현상의 인과관계는 자연과학에서의 그것처럼 절대적이지 않다. 동일한 문제라 하더라도 특정 상황에서 성립된 인과관계가 다른 상황에서는 성립되지 않을 수 있다. 또한 어떤 문제든지 잠재적 원인은 있게 마련인데, 그것이 어떤 인과관계의 고리로 문제에 연결되어 있는지를 밝혀내는 것은 쉬운 일이 아니다.

문제에 따라서는 원인이 무수히 많을 수도 있다. 이런 경우 원인을 하나하나 캐나가다 자칫 수렁에 빠지는 수가 있다. 어느 정도에서 마무리를 해야 좋을지 알 수 없는 지경에 이르고, 결국 원인을 규명하는 사람의 주관적 판단에 의존하게 된다. 인과관계를 증명할 수 있는 공리와 원칙이 적기 때문에 사람의 경험과 감

에 의존할 수밖에 없는 것이다. 따라서 판단하는 사람의 지식과 경험에 의해 제약당하는 것을 피할 수 없다.

인과관계를 입증하기 힘든 또 다른 경우는 원인과 제약 조건을 구별하기 어려운 경우이다. 예를 들어, '다른 부서의 협력을 얻을 수 없다'는 것은 하나의 원인이 될 수도 있지만, 한편으로는 제약 조건으로 작용할 수도 있다. 만일 그것이 제약 조건으로 작용할 가능성이 크다면 문제 해결을 도모하지 못할 가능성을 배제할 수 없다.

이처럼 부적절한 인과관계의 예는 얼마든지 찾아볼 수 있다. 상대의 논의 가운데 인과관계의 입증이 불충분하거나 부적절한 부분이 있을 경우에 이를 공격하면 상당한 타격을 입힐 수 있다.

잘못된 유추를 공격하는 방법

잘 알려진 다른 문제에 비추어 인과관계를 증명하는 유추의 방식은 토론에서 많이 사용하는 방법이다. 하지만 외형적으로 똑같아 보이는 문제라 할지라도 동일한 인과관계가 적용되기는 힘들다.

가령, 경쟁사의 판매력이 성공적으로 강화된 원인은 판촉과 리베이트라는 영업 사원들의 의견에 따라, 신제품을 출시하면서 판촉비와 리베이트율을 대폭 인상했다. 그러나 결과는 성공적이지 못했다.

이 유추에는 잘못이 있다. 이 유추가 성립하기 위해서는 경쟁사와 판촉비, 리베이트율 이외의 다른 요인들도 같다는 전제가 있어야만 한다. 즉 품질, 고객의 브랜드 이미지, 유통 경로, 신용과 인간관계, 영업 사원의 자질과 윤리 의식, 기업의 체질과 풍토 등이 같아야 한다. 결국 영업 사원들의 주장은 현장 경험에 의한 '감'에 의존한 것으로 볼 수밖에 없다.

이처럼 유추란 비교되는 양쪽이 동일한 조건일 때에만 성립한다. 어떤 특정 상황이나 조건이 유사하다 해도 중요한 다른 점에서 유사하지 않으면 유추는 성립되지 않는다.

다루고 있는 문제가 경영과 관련한 복잡한 문제라면 사용할 수 있는 유추의 대상을 찾으려는 시도는 하지 않는 편이 낫다. 그런데도 만일 상대편이 유추를 사용해 자신의 주장을 논증하려 한다면 그 유추가 성립되지 않는 사례를 한 가지 지적하는 것만으로 심각한 손상을 입힐 수 있다. 역으로 상대가 무심하게 있다면 교묘한 유추를 써서 이쪽의 주장이 통하게 할 수도 있다.

대의명분을 무너뜨리는 방법

예로부터 교조적 인물은 자기의 야심을 달성하기 위해 대의명분을 자주 이용해 왔다. 그들은 대의명분을 내세워 자기 주장을 그럴듯하게 증명하는 데 능숙한 솜씨를 발휘했다. 대의명분이 일반 대중의 마음속 깊이 간직되어 있는 욕망과 심리를 그럴싸하게 대변하는 것임을 간파하고 있었던 것이다.

앞에 나온 브루투스와 안토니우스의 예를 생각해 보자. 브루투스의 논리는 '시저는 황제가 되고자 하는 야심을 가지고 있다(사실, 증거) ➡ 시저가 황제가 되면 공화제는 붕괴되고 사람들은 노예가 된다(논거) ➡ 따라서 시저를 살해하지 않으면 안 된다(주장)'는 줄거리다. 앞에서 이 줄거리에 비약이 있음을 지적한 바 있다.

여기서 브루투스의 논거를 다시 논리적으로 분석해 보면 그의 가치관 내지 신념을 엿볼 수 있다. '공화제가 최고의 정치 형태이다. 어떤 방법을 동원해서라도 공화제를 지켜야 한다'는 것이다. 하지만 여기에서 '공화제를 지켜야 한다'는 것은 대의명분에 불과하다. 브루투스의 본심은 시저를 무너뜨리는 것이었지만, 대중을 납득시키기 위해서는 아름다운 대의명분으로 꾸미지 않으면 안 되었다.

또 한 사람의 대표적인 교조적 인물은 히틀러이다. 제1차 세계대전에서 패해 천문학적인 배상금을 부과받고 경제적 파탄에 직면한 독일 중산계급은 구세주의 출현을 바라고 있었다. 그런 그들 앞에 히틀러가 등장했다.

그는 "대중은 외교관도 아니고 법률학자도 아니다. 이성적 판단이 부족하고, 동요하기 쉽고, 의혹과 불안에 기울기 쉬운 어린아이들이다. 압도적 다수의 민중은 냉정한 심사숙고보다 오히려 감정에 따라 사고방식과 행동을 결정하는 여성적 성향을 띠고 있다"고 말하고, "제1차 세계대전의 책임은 모두 적국에 있다", "독일 민족은 세계에서 유일한 문화 민족인 아리안족이다. 아리안족은 더 큰 공동체를 건설하기 위해 개인의 재산과 생명을 희생할 줄 아는 인종이다. 그러므로 우수한 민족이다. 이 희생정신이야말로 인류 문화를 구축하는 첫 번째 전제 조건이다. 창조자에게는 그에 합당한 보수가 주어지지 않는다. 하지만 그 정신에 의해 후세에 풍부한 번영을 안겨 줌으로써 위업을 달성한다. 우리 자신은 행복하지도 않고 유복하지도 않은 채 변함없이 매일 일하고 있다. 그러나 그 깊은 의미에 주목하지 않더라도 모두가 이 높은 이념을 떠받들고 있는 것이다"라고 호소했다.

이 같은 말투는 종교적 교조의 말투와 거의 동일하다. 인류 문화의 구축이라는 대의명분을 위해 개인을 희생해야 한다는 것은 누가 봐도 비논리적이다. 더구나 히틀러는 독일 민족만이 우수하고, 세계는 독일 민족만을 위해 존재한다며 민중을 선동하고 있다.

비록 히틀러에 견줄 바는 안 되더라도 간혹 대의명분을 내세워 사람들의 눈을 멀게 하는 데 타고난 재주를 가진 사람을 만날 수 있다. 그들은 '회사를 위해', '우리 모두를 위해', '회사의 방침에 따라', '목표 달성을 위해', '자기 자신을 위해', '전 사원의 이익을 위해' 등의 표현을 습관적으로 사용한다.

자칫 방심하고 있다가는 이런 대의명분에 속아 넘어가기 쉽다. 따라서 상대가

평소 어떤 유형의 사람인지 미리 파악해 두는 것도 토론에서 승리하는 데 도움이 될 수 있다. 수사가 화려하고 감정적 어휘를 자주 사용한다면 일단 의심해 봐야 한다.

만일 상대가 "이 제도는 평범한 시민을 위한 것입니다"라고 주장한다면 "당신은 이 제도가 평범한 시민을 위한 것이라고 하지만 실제로는 특권 계층을 위한 것에 불과합니다. 평범한 시민을 위한 것이라는 말은 대의명분에 불과할 뿐 합리적인 근거가 될 수 없습니다"라고 반박하면 된다. 물론 이렇게 반박하기 위해서는 그것이 실제로 특권 계층을 위한 것이라는 점을 충분히 논증할 수 있어야 한다. 실제로는 대의명분을 무너뜨리는 것이 그렇게 쉽지만은 않다.

상대의 부적격성을 공격하는 방법

논의의 상대가 부적격자임을 지적하여 사실로 판정되면 자동적으로 이쪽이 승리하는 것이다. 해당 주제에 대한 논의를 함에 있어 자격이 부족하다는 주장은 토론의 모든 단계에서 가능하다.

먼저 해당 주제를 논의에 부칠 것인가의 여부를 상대와 절충할 때 다음과 같은 점을 지적해 보면 좋다.

- 논의하고자 하는 주제에 대해 당신은 경험이 있는가, 이 분야에서 쌓은 당신의 경험은 얼마나 되는가?
- 이 문제는 당신의 담당 분야가 아니지 않은가?
- 당신은 이 분야를 대표하는 책임자인가?
- 당신은 이 위원회의 정식 위원이 아니므로 발언권이 없다.

이 같은 점을 지적하는 외에 상대가 논제의 해결에 기여할 수 있는 전문가가 아니라는 점을 지적하면서 논의에 들어가기에 앞서 상대를 동요하게 만든다. 이로써 상대에게 심리적인 타격을 안겨줄 수 있다.

개별 논점에 대한 논의에 들어간 경우에도 다음과 같은 지적을 할 수 있다.

문제 − 원인(또는 목표)

• 그것은 상식이다. 당신은 이 분야를 모른다. 얼마나 경험했는가?
• 현장에서 그런 것은 통용되지 않는다.
• 이런 것은 일일이 증명하지 않아도 충분히 알고 있다.
• 그와 같은 조사 결과는 실정을 모르는 사람의 경우와 같다. 실상은 그렇지 않다.

대책 − 계획

• 문제는 누가 하느냐이다. 당신에게 할 능력이 있는가? 책임을 지고 해줄 수 있는가?
• 당신에게 상사와 거래선을 움직일 능력이 있는가, 남의 힘을 빌어야만 일을 수행할 정도의 취약한 지위는 아닌가?
• 도대체 당신이 할 수 있는 일인가?
• 공식적으로 승인된 일인가?

이와 같은 질문으로 상대편을 흔들어 놓고 무기력하게 만든다. 이때 신중하지 않으면 감정 싸움이 되기 쉽다. 부지불식간에 상대를 무기력하게 만드는 것이 상책이다. 때로는 상대의 논리적 속임수를 파헤쳐 '이 같은 속임수 논의는 아무 의미가 없다'고 말함으로써 심리적 타격을 안겨 주는 것도 상대를 무기력하게 만드는 한 가지 방편이 될 수 있다.

적극적으로 반격하라 ☆

반대 사실을 내세울 때

➔ 사실의 정확성과 권위를 확보한다

상대편의 반론을 논리적으로 부정할 수 있다면 당당하게 반박해야 한다. 상대방이 허점을 공격해 온다면 토론의 3요소인 사실, 논거, 주장 중의 하나를 부정할 것이다.

사실(증거)에 대하여 '우리가 조사한 바에 따르면 그런 사실이 없다'고 이의를 제기한다거나, 역으로 '이러한 다른 사실이 있다'고 반증해 오면 결국 쌍방 간 사실 논쟁이 된다. 사실 논쟁에서 승리하기 위한 핵심은 자신이 내세운 사실을 재차 증명하는 것과 상대방이 내세운 반대 사실을 부정하는 것이다. 이때 가장 도움이 되는 것이 사실(증거)의 '정확성'과 '권위'를 확보하는 일이다.

우선 그것이 1차 자료인가, 2차 자료인가에 따라 정확성과 권위의 정도가 달라

진다. 1차 자료는 실제 조사 보고서를 말하는 것이며, 2차 자료는 1차 자료에 기초한 해설 자료이다. 당연히 1차 자료 쪽이 더 높은 권위와 정확성을 인정받는다.

전문가의 의견을 증거로 사용할 경우에는 전문가의 신뢰성과 권위가 문제가 된다. 또는 전문가의 입장이나 조사 담당자의 견해에 편견이 없는가도 문제가 된다.

만일 이쪽이 내세운 사실에 대해 상대편이 '우리 조사에 의하면 그런 사실이 없다'라고 공격해 오면, 거꾸로 상대편에게 '조사의 방법, 담당자, 결과 등을 알려 달라'고 요구한다. 그런 다음 조사 결과의 정확성과 권위에 도전하여 반격해야 한다.

전체를 무시하고 부분만 따질 때

➡ 전체의 중요성을 부각시킨다

'이 부분은 약간 문제가 있으나 전체를 보면 좋다'고 하는 것과 '전체는 좋으나 이 부분이 약간 문제다'라고 하는 것 중 전자 쪽이 훨씬 긍정적인 인상을 준다. 따라서 상대편이 세부적인 부분에 대해서 걸고넘어질 때는 전체의 중요성을 부각시킴으로써 반박을 무마시키는 것이 효과적이다. 가령, '지금 논의에서 가장 중요한 것은 전체적인 주제이므로 주제 중심으로 논할 필요가 있다'고 강조하는 것이다.

그래도 상대편이 계속해서 트집을 잡는다면 좀 더 강력히 말해야 한다. "당신이 지적한 부분은 지엽적인 문제에 지나지 않는다. 왜 당신은 전체를 보지 못하는가. 지금 중요한 것은 대책을 마련하는 것이다. 그런 사소한 문제에 매달려 있으면 어떻게 대책을 마련하겠는가. 일단 대책을 마련한 다음 부차적인 문제들을 논의해도 늦지 않다."

물론 공격당한 부분이 중요한 사안일 경우가 있다. 사실(증거)과 논거(사실의 해석)에 관계되는 부분이면 피하지 말고 전력을 다해 반격해야 한다. 그렇지 않

고 상대편이 의도적으로 주변적인 사소한 부분을 걸고넘어지는 데 일일이 대응하면서 안절부절못하는 것처럼 어리석은 일도 없다. 그러면 결국 상대편이 의도하는 대로 넘어가게 된다.

상대로부터 공격을 받았을 때는 그 부분이 전체 논증에 얼마만큼 중요한가를 다시 확인하고, 만약 비교적 중요성이 덜한 부분이라고 판단되면 깊이 들어가지 않도록 주의해야 한다.

비유법을 많이 사용할 때

➔ 걸맞지 않은 부분을 지적한다

자기 주장을 설득력 있게 전달하기 위해 자주 사용하는 방법 중 하나가 바로 예화나 비유를 들어 설명하는 것이다. 친숙한 예화를 통해 사실감을 더하면 이해가 쉬울 뿐 아니라 기억에 오래 남아 설득력을 배가시킨다. 비유법도 까다로운 문제를 쉬운 대상과 비교해 설명함으로써 이해를 돕고 설득력을 높이는 유용한 방법이다.

토론에서는 상대편 증거를 반박하기 위해 반증이 될 만한 사실을 예화로 제시한다든가, 논거를 반박하기 위해 비유법을 사용하는 경우가 자주 있다. 이럴 때는 예화나 비유에서 적절하지 못한 부분을 확인시켜 줌으로써 효과적으로 대응할 수 있다.

원래 예화와 비유는 서로 다른 두 가지를 정확하게 대비할 수 있는 방법이 아니다. 단지 이미지를 선명하게 하거나 강조할 때 도움이 될 뿐이다. 따라서 예화와 비유는 적절하게 사용하면 설득력을 높이는 효과를 가져오지만, 그렇지 않을 경우 공격받을 가능성이 크므로 자신 있는 예화나 비유만을 사용해야 한다.

예를 들어, '조직은 연체동물 같아야 한다'는 주장에 대해서 상대가 "연체동물

은 결국 그 이상 고도화되지 못했다. 골격과 척수를 가진 동물이 고도의 문명을 향유할 수 있었다"며 조직을 동물에 비유하여 반론을 폈다고 하자. 그러면 이렇게 다시 반박할 수 있을 것이다. "검치호는 긴 어금니 때문에 멸종했다. 인간은 발달된 두뇌에 의해 환경을 지배할 수 있었기 때문에 살아남았다. 중요한 것은 환경에 적응할 수 있는 두뇌이다. 따라서 조직은 연체동물처럼 유연해야만 한다고 주장하는 것이다" 한발 더 나아가 "당신이 말하는 골격은 무엇이며 척수는 무엇인가. 그것만으로 조직은 생존 가능한가"라고 질문한다. 그러면 아마 앞뒤가 맞지 않고 종잡을 수 없는 응답밖에 할 수 없을 것이다. 그리고 나서 "그렇게 별 소용도 없는 예화만 늘어놓지 말고 좀 더 엄밀하게 논의를 벌였으면 좋겠다"고 되받아친다.

불필요한 지식을 뽐낼 때

➔ 실제 경험 여부를 확인한다

박식한 사람은 의외로 현실적인 부분에 대해서는 둔감한 경우가 많다. 지식과 지혜는 다른 것이다.

상대가 온갖 다양한 지식을 동원해 자기 주장을 편다면 일단은 이야기를 잘 들어 준다. 그런 다음 '지금 이야기는 당신이 실제로 경험한 것인가?'라고 기습적인 질문을 던진다. 만일 그렇지 않다고 대답한다면 '실제로 해보지도 않고 어떻게 그것이 사실인지 알 수 있는가? 나는 그것을 실제로 해본 일이 있다'고 덧붙인다.

좀 더 효과적인 방법은 '그러면 당신은 그 일을 어느 정도나 경험했는가?'라고 묻는 것이다. 어떤 사실에 대해 책이나 귀동냥을 통해서만 알고 있는 사람은 경험이 없다는 데에 강한 열등감을 느끼므로 이런 질문에 금세 바닥을 드러내게 마

련이다. 이에 덧붙여 다음과 같이 말하면 좋다. "이론과 실제는 다르다. 우리는 현실 속에서 진실로 도움이 되는 지혜를 갖지 않으면 안 된다. 그러므로 지식은 반드시 현실에서 검증될 필요가 있다. 단순한 지식만 가지고는 아무런 도움이 되지 않는다."

그리고 상대가 유창하게 늘어놓는 지식들 가운데 의심쩍은 부분을 짚어 상세한 출처를 물어본다. 이때 만일 출처를 밝히지 못하거나 2차 자료인 것으로 밝혀지고, 미처 객관적인 검증을 거치지 않은 이론으로 드러난다면 역시 공격의 대상이 된다.

숫자를 내세울 때

→ 숫자가 나온 근거를 추궁한다

숫자는 구체적이고 명확하다는 이점으로 인해 증거 자료에 자주 등장한다. '많은 사람들'이라고 하는 것보다는 '98%의 사람들'이라고 하는 편이 훨씬 더 구체적이고 명확하다. 다만 상대편이 통계 수치와 같은 숫자 데이터를 증거로 내세우면 바로 그 자리에서 진위 여부를 확인할 방도가 없다는 것이 문제이다.

상대편이 숫자를 들고 나오면 일단은 의심을 가져야 한다. 숫자는 얼마든지 만들 수 있다. 통계 수치라 해도 적절한 방법과 과정을 통해 얻어진 것인지 알 수 없다. 또 설문 조사 같은 것도 조사 항목과 질문 방식에 따라 얼마든지 의도하는 결론을 추출해 낼 수 있으므로 백 퍼센트 신뢰할 만한 것이 못 된다.

따라서 상대편이 숫자를 들고 나올 때는 그 근거를 정확히 물어봐야 한다. 요컨대, '누가 만든 데이터인가, 그는 전문가로서 신뢰할 수 있는 사람인가', '어디에 게재된 것인가, 그 데이터의 원천은 권위가 있는가', '조사 방법과 데이터의 수집 방법은 적절한가', '다른 숫자와 균형이 맞는가', '만들어진 시기가 언제인가, 충분

히 새로운 것인가' 등을 확인해야 한다.

또 한 가지 중요한 점은 '숫자가 논증 절차상 어디에 어떻게 쓰이고 있는가'이다. 숫자 자체는 올바른 것일지라도 부적당한 문맥에서 쓰이는 경우가 있기 때문이다. 가령, 우리나라의 노동자 평균 임금이 선진국 수준에 이르렀다는 통계가 있다. 그러나 이 통계를 근거로 '그러므로 우리나라 노동자는 유럽의 노동자와 비슷한 수준의 풍요로운 생활을 누리고 있다'고 결론지을 수는 없다. 이 결론이 타당한 것이 되려면 평균 임금을 비교한 통계가 아니라 가계 생활비를 비교한 통계가 필요하다. 통계 수치를 부적당한 맥락에서 잘못 사용한 예이다.

속담과 격언을 인용할 때

➜ 반대되는 속담과 격언으로 응수한다

속담과 격언에는 대부분 대조되는 것이 있다. 다음은 그 예이다.

- 좋은 일은 서둘러라. ↔ 서두르면 일을 그르친다.
- 호랑이 굴에 들어가야 호랑이 새끼를 얻는다. ↔ 군자는 위험을 가까이 하지 않는다.

이처럼 상대방이 속담이나 격언을 인용했을 때는 그와 대조되는 속담과 격언으로 논리를 무너뜨리는 것이 효과적이다. 예를 들어, 상대방이 "아무래도 여러 가지 문제가 있기 때문에 당분간은 그대로 지켜보는 것이 좋겠다. 자고로 서두르면 일을 그르친다고 하지 않는가"라고 공격해 왔다고 하자. 그러면 "두고 본다고 달라질 건 아무것도 없다. 문제가 있더라도 일단 부딪쳐서 해결해야 한다. 좋은 일은 서두르라는 말도 있지 않는가?"라고 응수한다.

상대가 속담이나 격언을 보편적인 원칙으로 간주해 논거로 제시한 것이므로 반

대 속담이나 격언으로 대항하는 것이 가장 좋다. 하지만 꼭 들어맞는 반대의 속담이나 격언이 없을 때는 어떻게 해야 할까? 그럴 때도 역시 속담이나 격언을 인용해 응수하는 것이 효과적이다.

가령, "이 안은 종전과 별로 다를 게 없는 것 같군요. 이런 안은 실행을 하나 안하나 오십보백보五十步百步일 게 뻔합니다"라며 공격을 해 온다면 어떻게 할 것인가? '오십보백보'라는 말은 '오십 보 도망친 사람이 백 보 도망친 사람을 비겁하다고 비웃는다'는 뜻으로 정도의 차이는 있으나 본질적으로는 마찬가지라는 말이다. 그렇다면 상황에 따라서는 오십 보가 얼마나 큰 차이가 될 수 있는지 증명해 보이는 수밖에 없다. 한 가지 방법으로 '로마는 하루아침에 이루어진 것이 아니다'라는 격언을 인용할 수 있다. 줄기는 약간 다르지만 작은 차이가 중요하다는 의미를 강조하는 데에는 효과적이다. 요컨대, 어떤 형태로든 속담과 격언에는 속담과 격언으로 응수하는 것이 가장 효과적이다.

법칙으로 밀어붙일 때

➜ 반대 사례를 찾아내 반증한다

상대방이 '법칙'의 권위를 이용해 공격해 올 때는 과연 그 법칙이 증명된 것인지를 먼저 따져보아야 한다. 법칙이란 누구나 인정할 수밖에 없는 자명한 것으로서 적절하게 사용되면 증거로써 대단한 권위를 발휘한다. 하지만 사실상 완전하게 증명되지 않은 사실이 법칙으로 둔갑하는 경우도 상당히 많다. 또한 시대와 상황에 따라 변하는 법칙도 얼마든지 있다. 이미 유효 기간이 지난 법칙은 더 이상 증거로서의 권위를 갖지 못한다.

상대가 어떤 법칙을 증거로 내세우며 공격해 올 때는 그 법칙을 반증할 수 있는 사례를 제시하는 것이 가장 효과적인 대응법이다. 예를 들어, 상대는 "우리 회사

는 과거 불경기 때마다 재고 조사를 하면 재고 자산이 늘어 그것이 성과를 악화시켰다. 언제나 그랬다. 그 때문에 지금 생산량을 늘리는 것은 바람직하지 않다"고 공격해 온다. 여기에서 '과거 불경기 때마다 재고 때문에 성과가 악화되었다'는 것을 하나의 법칙처럼 말하고 있다. 또한 이 법칙을 뒷받침할 수 있는 과거의 재고 조사 자료와 생산량 데이터를 증거로 제시한다.

이에 대응하기 위해서는 생산량의 확대가 반드시 재고 자산의 증가로 이어지지 않는다는 사실을 실제 데이터로 증명해야 한다. 또한 생산량을 늘리지 않는 경우의 손실과 생산량을 늘린 경우의 이익을 비교해 생산량을 늘렸을 때의 이로운 점을 강조해야 한다. 마지막으로 '물론 재고 자산이 증가하는 원인을 철저히 밝혀내고 만전의 대책을 세우고 싶다'고 강조하는 것을 잊지 않도록 해야 한다.

어떤 속담을 하나의 법칙처럼 인용하는 경우도 있다. 그럴 때는 마찬가지로 반대되는 속담을 내세워 반증하면 된다. 상대가 일단 법칙으로 밀어붙이려고 할 때는 '예외'를 찾아내 반박하거나, 혹은 반증이 될 수 있는 다른 법칙으로 응수하는 것이 바람직하다.

논의가 맴돌 때

➔ 단계별 결론 내용을 목록으로 만들어 둔다

대개 토론이 두 시간 이상 진행되면 논의가 방향을 잃고 맴돌기 시작한다. 논제가 복잡한 경우에는 더욱 그렇다. 이를 방지하려면 논점을 한 가지씩 풀어 나가되, 각 단계에서 확인을 받으며 진행하는 것이 좋다.

논의가 맴도는 가장 큰 원인은 대개 결론을 끌어내기 위한 사실(증거)과 사실의 해석(논거)을 하나씩 확인하는 작업을 거치지 않고 진행을 하기 때문이다.

대안을 선택하는 의사 결정 단계에서 결정적인 안이 나오지 않아 모두가 최

종 결정을 주저하는 와중에 논의가 다시 전 단계로 되돌아가는 경우가 있다. 또는 실행 계획을 세우는 단계에서 '누가 어떤 역할을 맡을 것인가' 하는 문제로 논의가 앞으로 나아가지 못하는 경우도 있다. 이런 경우에도 서로 역할을 떠맡기기 위해 이전 단계의 논의를 새삼 끄집어내느라 시간을 끌게 된다. 논의가 맴도는 경우는 여러 가지여서 일률적으로 말하기 어렵다.

어쨌든 논의가 맴돌지 않도록 하기 위해서는 토론에 앞서 일단 확인된 사실과 논거에 대해서는 재차 논의를 하지 않도록 원칙을 세워야 한다. 또한 토론 진행시 각 단계마다 논의된 사실과 논거에 대해 모두의 확인을 받아 결론 사항을 목록으로 만들어 두는 것이 바람직하다. 그 결과 어떤 단계에서 논의가 맴돌더라도 곧바로 이전 단계를 확인하고 다시 제자리로 돌아와 논의를 계속 진전시킬 수 있다.

논의가 최종 결론으로 나아가지 못하고 중간에서 맴도는 또 다른 이유는 이따금 핵심 용어를 명확하게 정의하지 않은 채 논의를 진행하기 때문이다. 이를 예방하려면 논의를 시작할 때 중요한 용어에 대한 정의를 명확히 내리고 모든 사람의 확인을 받아 정리해 두는 것이 좋다. 특히 논제가 복잡할수록 이런 작업이 필요하다.

의도된 질문을 할 때

➜ 되받아치면서 속셈을 간파한다

본심을 감춘 채 질문 공세를 퍼붓는 상대를 대하는 것은 쉽지가 않다. 일일이 대답을 해 주다 보면 어느새 상대편 의도에 휘말려 들기 십상이다. 상대는 이미 반론을 마련해 놓고 그것을 논증하기 위한 데이터(사실)를 이쪽에서 끌어내려 하는 것이므로 상대의 반론이 어디에 있는지 알아내지 못한 채 대답을 계속하면 상대편을 유리하게 만들 뿐이다.

이럴 때 상대편이 쳐 놓은 덫에 걸려들지 않고 효과적으로 반격할 수 있는 방법은 대답 대신 반문으로 되받아치는 것이다. 예를 들어, 상대가 "당신이 제시한 사실 이외 다른 사실은 없군요. 그렇다면 당신은 그 사실을 증거로 인정하는 모양이군요"라고 질문한다. 당연히 이것은 두 가지 반론의 증거를 굳히려고 하는 의도된 질문이다. 하나는 '드러낸 사실에 반대되는 사실이 있는데 그것을 아는가 모르는가' 하는 의미이고, 다른 하나는 '드러낸 사실이 증거가 되는지 의심스럽다'는 것이다. 이때 '내가 제시한 사실 이외에 당신이 알고 있는 다른 사실이 더 있는가?'라든가, '이 사실 외에 더 유력한 증거가 있기라도 한 것인가?'라는 식으로 반문을 던지면 상대편 속셈을 알아보는 돌파구가 될 수 있다.

반론을 염두에 두고 의도된 대답을 이끌어 내기 위해 질문 공세를 펼치는 것은 비교적 고단수의 공격에 속한다. 이때 중요한 것은 상대방이 염두에 두고 있는 반론이 무엇인가를 간파하는 것이다. 그리고 상대방이 원하는 대답을 해 주지 않는 것이다.

만일 상대편의 질문 의도를 정확히 파악하기 어렵다면 일단 단정적인 응답을 피하고 적절히 얼버무리는 게 상책이다. '~라는 것도 생각할 수 있다', '~라는 사실도 없는 것은 아니다', '적어도 지금까지 보아서는 그렇다', '~라 인정하는 것도 가능하다' 등으로 여지를 남겨 두는 것이다. 그 대답에 상대가 어떻게 반응하는가에 따라 다음의 대응책을 준비하면 된다.

서로에게 유익하다고 강요할 때

➜ 대의명분을 내세워 거절한다

자기 주장을 상대에게 납득시키기 위해 그것이 상대에게도 이득이 되는 것이라는 식의 논리를 펼 때가 있다. 하지만 알고 보면 일종의 사탕발림일 가능성이 크다. 이런 경우에는 당연히 '그다지 유익하지 않다', '도리어 불이익이 더 크다'는 논거로 되받아쳐야 한다. 당장에 이런 논거로 되받아치는 것이 어려울 때는 대의명분을 내세워 거절하는 것도 한 가지 방법이 될 수 있다.

예를 들어, 회사 측에서 '이 안이 실행되면 노동자의 복지 개선에도 많은 도움이 될 것이다'라는 주장으로 공격해 온다고 하자. 그러면 "이 안을 실행하면 노동자의 복지가 개선된다는 것은 어불성설이다. 오히려 지금보다 힘들어지면 힘들어졌지, 나아질 건 아무것도 없다"라는 식으로 강하게 반박하든가, 아니면 "우리가 반대하는 이유는 단지 우리들 자신만을 위한 것이 아니다. 이것은 우리나라 전체 노동자의 자존심이 달린 문제다"라는 식으로 대의명분을 내세워 반대하면 된다.

일상생활에서 흔히 볼 수 있는 단순한 예를 들어보자. 이웃에서 돈을 빌리러 왔다. 그러면 "우리도 형편이 어려워 남에게 꾸어 줄 여유가 없다. 우리도 빌릴 수만 있다면 어디 가서 돈 좀 빌리고 싶다"라며 사절할 것이다. 상대가 또다시 "당신의 사정은 이해한다. 그렇다면 당신이 보증을 서서 다른 사람의 돈을 빌려 줄 수는 없을까. 물론 이자와 함께 수고비를 주겠다. 당신에게도 좋은 일 아닌가"라고 한다면 어떻게 할까. 이렇게까지 나오는데 어떻게 거절하나 싶어 마음이 약해지거나, 어쩌면 수고비를 주겠다는 말에 혹할 수도 있다. 하지만 보증까지 서서 남의 돈을 꾸어 주었는데 후에 꼭 갚으리란 보장이 없지 않은가. 그렇다면 역시 거절하는 것이 낫겠다. 어떻게 거절하는 것이 가장 좋을까.

이런 경우에는 논리로는 대응이 되지 않는다. 이를테면, "미안하다. 우리집 가훈이 '절대 빚보증을 서지 말라'는 것이어서 나로서도 어쩔 수가 없다"고 거절하는 방법이 있다. '가훈'이라는 대의명분을 내세운 것이다. 때로는 "나를 수고비 준다고 덥석 보증을 서 줄 사람으로 보았는가. 나는 그렇게 단순한 사람이 아니다"라는 식으로 초점을 흐려 상대편의 공격을 둔화시키는 방법도 쓰인다.

과장된 표현으로 나올 때

➔ 정확한 뜻과 의도를 파악한다

어떻게든 자기 주장을 관철시키기 위해 '절대로 있을 수 없다', '아무리 발버둥쳐 봐도 소용이 없다', '이 일이 성사되지 못하면 나는 그만둬야 한다' 등과 같은 과장된 표현으로 단정을 내리거나 인정에 호소를 하는 경우가 있다. 이 같은 말은 백 퍼센트 믿기도 어렵겠지만 믿어서도 안 된다. 그 사람의 말투가 본래 그럴 수도 있고, 전부가 아니면 완전히 포기해 버리는 식의 사고방식을 가진 탓일 수도 있다.

이런 경우에 반격을 가하는 기본 원칙은 과장된 말에 대해서 그 말이 가리키는 사실을 점검해 보는 것이다. 가령, 상대가 '절대로 있을 수 없다'고 말했다면, '절대'란 표현이 가리키는 것이 가능성이 완전히 전무하다는 것인지, 그렇다면 왜 그렇게 단정하는지를 물어보아야 한다. 즉 '절대로 불가능하다는 논거를 보여 달라'는 식으로 반격하면 된다. 그러면 상대는 '100% 불가능하다는 게 아니라 거의 불가능하다는 뜻이다'라며 슬그머니 꼬리를 내릴지도 모른다.

과장된 표현을 즐겨 쓰는 사람은 허풍쟁이가 아니면 자기 방어에 강한 사람이다. 개중에는 전략적으로 유리한 고지를 선점하기 위해 과장된 표현을 써서 '협박'이라는 방법을 동원하는 사람도 있으니 잘 살펴 대응해야 한다.

형용사를 많이 쓸 때

➜ 대조적인 예를 들어 역습한다

사회주의 국가의 영웅과 고대 제왕의 이름 앞에는 외우기 힘들 정도로 긴 형용사가 붙어 있다. 일반적으로는 별 문제될 것이 없다. 그러나 이것을 언어 기교로 사용하면 폐해가 많다.

"이 제안은 냉정하고 치밀한 두뇌를 가진 A가 면밀한 검토 끝에 입안한 것으로서 아무런 허점도 발견할 수 없다"라고 말하면 대부분의 사람은 언어 기교에 휘말려 별 의심 없이 제안을 받아들이게 된다.

상대를 부추겨 교묘하게 자기편으로 끌어들이는 경우도 있다. "그만한 업적을 세운 당신이라면 우리가 말하는 내용을 충분히 이해할 것이라 봅니다"라든가, "적어도 이 분야의 권위자인 당신은 반대를 하지 않을 것으로 생각됩니다"라는 식이다. 또 '국내 유수의', '국제적으로 인정받는', '누구나 알고 있는' 등과 같은 형용사적 구절을 앞머리에 붙여 논거를 그럴듯하게 꾸미는 상투적인 표현도 자주 들을 수 있다.

상대편이 화려한 수사와 함께 형용사를 남발하는 유형이라면, 일단 그런 표현에 동요되지 않도록 냉정을 유지하는 것이 가장 중요하다. 그다음에는 역습을 할 수 있도록 준비한다. 가령, "냉정하고 치밀한 두뇌를 가진 A 씨가 심사숙고해 입안한 제안이므로 누락된 부분은 없으리라 생각하지만 나머지 것은 어떻게 된 것입니까?"라며 약점을 들춘다.

안토니우스가 브루투스의 설득력 있는 변론을 또 다른 사실로써 격파한 것처럼 되도록 쉬운 예를 생생하게 대조해 보임으로써 되받아치는 것도 강력한 효과를 얻을 수 있다. 가령, "냉정하고 치밀한 두뇌를 가진 A 씨가 면밀히 검토했다고 했는데, 물론 A 씨가 똑똑한 사람이라는 것은 인정하지만, 그렇기 때문에 아무런

허점도 없다는 것은 받아들이기 어렵네요. A 씨가 지난번에 입안한 제안도 별 성과가 없지 않았습니까?"라고 반박하면 된다.

감정적으로 격앙될 때

➔ 상대의 주장을 들어 주면서 냉각 시간을 가진다

서로 대립된 주장을 놓고 논의를 전개해 나가는 특성상 토론은 자칫 감정적으로 흐르기 쉬운 것이 사실이다.

상대편이 감정적으로 바뀌는 계기는 여러 경우가 있다. 예를 들면, 자신이 내놓은 증거와 논거를 정면으로 부정당하면 설사 이성적으로는 이해가 되더라도 감정적으로는 반발심이 일어난다. 이런 경우에 냉정을 유지할 수 있는 사람은 그리 많지 않을 것이다. 다만 한국인의 특성상 감정을 잘 나타내지 않는 경우도 많다. 하지만 이미 기분이 상해 있으므로 어떤 식으로든 토론에 영향을 미치게 된다.

논거를 공격하는 과정에서 상대편의 가치관과 신념을 비판하는 형식이 된 경우에도 마찬가지다. '인간의 본성은 본래 선하다'라고 믿는 상대편에게 '인간의 본성에는 악한 면도 있다'는 사실을 드러내서 논증하면, 상대는 마치 자신의 인격을 다친 것처럼 느끼고 감정적으로 반발하게 된다.

상대편이 말하는 내용을 이해하지 못한 채 공격으로만 일관하는 것도 감정적 반발을 일으키는 계기가 된다. 또 상대편에게 빈정거림을 당하거나 트집을 잡힐 때, 역시 인격을 손상당한 기분이 들어 감정이 상하게 된다.

이렇게 상대편이 감정적으로 격앙되었을 때의 대응 방법은 분명하다. 우리는 대부분 감정을 드러내는 일에 창피를 느낀다. 일단 격한 기분을 느끼다가도 조금 시간이 지나면 스스로 창피하게 생각한다. 따라서 상대가 감정적으로 반발해 오면 일단 받아들이는 편이 낫다. 설사 앞뒤 말이 맞지 않더라도 절대 지적하지 말

고 상대의 말이 끝날 때까지 간단하게 대꾸를 해 주며 듣기만 한다. 일종의 냉각 시간을 갖는 것이다. 이것을 '수용'이라고 한다. 결코 상대편에게 동의한 것은 아니다. 다만 상대편이 무엇을 말하려 하는지, 어떤 기분을 말하려 하는지를 이해하려는 자세를 취해 보이는 것이다. 그런 후에 상대편이 냉정을 되찾으면 논의를 계속해 나간다. 이때 상대편이 거북해하지 않게 아무 일도 없던 것처럼 행동하는 것이 하나의 요령이다. 또한 '당신 말이 맞다. 나도 당신 입장이라면 그렇게 말할 것이다'라고 적당히 체면을 세워 주는 것도 중요하다.

토론을 하면서 가장 대응하기 힘든 경우는 상대편이 감정적 반발을 속마음에 감춰 둔 채 이런저런 트집을 잡아 공격을 해 오는 때이다. 이때 상대편의 속마음을 간파하지 못하면 속수무책으로 당하는 수밖에 없다. 사실 아무리 감추려고 해도 속마음은 다 드러나게 마련이다. 상대편의 이야기를 잘 살펴보면 분명 불만을 나타내는 표현이 있을 것이다.

상대편의 감정적 반발을 미연에 방지하기 위해서는 몇 가지 요령이 필요하다. 가령, 상대편의 자존심과 열등감을 공격하지 않으면 안 될 때는 마치 '남의 일'인 것처럼 표현한다. '이번 실수의 원인은 현장 지식이 부족한 데에 있음이 분명하다'라고 말하고 싶을 때는 "이번 경우를 두고 세간에서는 현장 지식의 부족이 그 원인이라고 말하는데, 사실 아무리 현장 경험이 많다고 해도 모든 사실을 다 알고 있을 수는 없다"라고 말하는 것이다.

또 하나의 방법은 예화와 실화를 이용하는 것이다. "예전에 아는 선배도 이와 똑같은 실수를 한 적이 있다고 들은 적이 있습니다. 그때 선배는 설마 하고 생각을 했던 모양인데, 주의를 기울여 거듭 조사를 해 보니 역시 자신의 현장 지식이 부족했음을 깨달았다고 하더군요." 이렇게 말하면 '지식 부족'을 원인으로 지적하면서도 상대의 기분을 최대한 거스르지 않을 수 있다.

적극적으로 반격하라 ✔

- 반대 사실을 내세울 때 → 사실의 정확성과 권위를 확보한다.
- 전체를 무시하고 부분만 따질 때 → 전체의 중요성을 부각시킨다.
- 비유법을 많이 사용할 때 → 걸맞지 않은 부분을 지적한다.
- 불필요한 지식을 뽐낼 때 → 실제 경험 여부를 확인한다.
- 숫자를 내세울 때 → 숫자가 나온 근거를 추궁한다.
- 속담과 격언을 인용할 때 → 반대되는 속담과 격언으로 응수한다.
- 법칙으로 밀어붙일 때 → 반대 사례를 찾아내 반증한다.
- 논의가 맴돌 때 → 단계별 결론 내용을 목록으로 만들어 둔다.
- 의도된 질문을 할 때 → 되받아치면서 속셈을 간파한다.
- 서로에게 유익하다고 강요할 때 → 대의명분을 내세워 거절한다.
- 과장된 표현으로 나올 때 → 정확한 뜻과 의도를 파악한다.
- 형용사를 많이 쓸 때 → 대조적인 예를 들어 역습한다.
- 감정적으로 격앙될 때 → 일단 들어 주면서 냉각 시간을 가진다.

토론의 TIP

✚ 앉는 요령

- 앞을 똑바로 보고 엉덩이를 의자 끝까지 대고 앉는다.
- 어깨와 가슴은 자연스럽게 약간 앞으로 숙여 앉는다.
- 다리를 떨거나 벌리지 않고 가지런하게 모은다.

✚ 손동작 요령

- 손으로 이것저것을 만지지 않는다.
- 손으로 얼굴을 받치지 않는다.
- 손에 든 펜을 돌리지 않는다.
- 책상에 팔꿈치를 걸치지 말고 손을 올려놓는다.
- 자연스럽게 메모를 하거나 자료를 살핀다.

✚ 시선 처리 요령

말할 때
- 밑을 보지 말고 정면을 응시한다.
- 상대 토론자의 눈이나 눈 밑을 바라본다.
- 옆을 볼 때는 눈만 돌리지 말고 반드시 고개를 돌려서 본다.

들을 때
- 상대 토론자의 눈을 응시한다.
- 말하는 사람의 시선을 주시한다.
- 한곳만 집중적으로 보는 것은 좋지 않다.

+ 표정 관리 요령

- 너무 심각한 표정을 짓지 않는다.
- 활짝 웃는 것보다는 부드러운 표정을 짓는다.
- 자연스러운 표정을 짓는다.
- 과하게 예쁜 표정을 짓지 않는다.

+ 말투 요령

- 자연스럽게 말한다.
- 긴장감을 드러내면 안 된다.
- 너무 크거나 작게 말하지 않는다.
- 상대 토론자를 존중하면서 말한다.
- 틱틱대거나 비꼬지 않는다.

+ 하지 말아야 할 말투

- 권위적인 말투
- 멋을 부리는 말투
- 상대 토론자를 비하하는 말투
- 냉소적인 말투
- 과하게 애교스러운 말투

+ 발성 요령

- 적정한 빠르기로 발음한다.
- 호흡에 맞춰 발음한다.
- 표준 발음을 지키도록 한다.
- 명확하게 발음한다.

PART 5

토론의
명수가 되기 위한
5가지 기술

논리적으로 설득하는 기술
연역과 귀납을 효과적으로 사용하는 기술
논리성을 단련하는 기술
논리적 사고력을 키우는 기술
직관을 논리화하는 기술

토론을 할 때는 부드럽게 하면서도 논지를 분명히 밝히도록 노력하라.
상대방을 흥분시키지 말라.
토론의 목적은 상대방을 설복시키는 데에 있다.

John Wilkins

논리적으로
설득하는 기술

전제를 생략하면 설득력이 떨어진다

토론은 지성에 호소하는 '논리적 설득'이다. 따라서 논리적으로 말하는 기술은 토론의 기본이자 필수이다. 그렇다면 설득을 하는 데 있어서 '논리적'으로 말한다는 것은 어떤 의미일까? 그것은 이야기의 전개에 모순이나 비약이 없고, 전체 흐름이 조리에 맞고 일관성이 있다는 것이다. 그러기 위해서는 어떤 전제에서 출발해 논리를 통해 결론에 도달하는 일련의 과정이 필요하다.

하지만 우리가 일상생활에서 주고받는 이야기에는 전제가 생략되어 있는 경우가 많다. 전제는 이야기의 출발점이자 결론의 근거이다. 따라서 전제를 생략하면 이야기의 설득력이 떨어지게 마련이다.

대체로 어떤 이야기에서 전제가 생략되면 무엇을 말하는지 분명하게 알 수가 없다. 혹은 말하고자 하는 내용이 잘못 전달될 가능성이 크다. 때로는 말하는 사

람의 의도와 달리 말의 뜻이 와전되어 오해를 불러일으키기도 한다. 따라서 설득을 목적으로 하는 스피치에서는 전제를 분명히 밝히는 것이 매우 중요하다.

우리가 일상생활에서 주고받는 대화를 예로 들어 살펴보자. "아빠, 오늘은 제 생일이에요. 아빠가 지난 토요일 제 생일날에 놀이공원에 데리고 가주신다고 약속하셨어요. 그러니 오늘 놀이공원에 데리고 가 주세요" 어린아이의 말이지만 조리에 맞게 타당한 주장을 하고 있다. 그런데 아빠는 "오늘은 안 돼. 다음에 가자"라며 거절한다. 이런 말로 아이를 설득할 수 있을까? 아빠가 약속을 지키지 못하는 사정을 아이가 납득할 수 있는 이유를 들어 설명해 주어야만 한다.

그렇다면 아이의 말과 아빠의 말에서 중요한 차이는 무엇일까? 아이는 '오늘은 내 생일이다'라는 전제에서 출발해 '아빠가 생일에 놀이공원에 데리고 가기로 약속했다'는 논리를 통해 '오늘 놀이공원에 가야 한다'는 결론을 이끌어 내고 있다. 반면에, 아빠는 이런 과정을 모두 무시한 채 결론만 이야기하고 있다. 그렇다면 좀 더 공식적인 스피치의 예를 살펴보자. 친구 대표로서 약혼 피로연에서 스피치 할 경우를 생각해 본다.

> **전제** 저는 신랑과 함께 대학 시절 같은 태권도부에서 운동한 동문입니다.
> **논리** 그는 순수하고 온건한 성품을 지니고 있으나 불의를 보면 참지 못하는 정의로운 사람입니다.
> **결론** 그만큼 신랑은 강인하고 의로운 사나이입니다.

전제에서 신랑이 대학 시절에 같은 태권도부에서 운동했다는 사실을 말하고 있다. 논리에서는 전제를 받아 불의를 보면 참지 못하는 성품의 소유자임을 말하고 있다. 결론에서 신랑이 강인하고 의로운 남자임을 지적하고 있다.

이 스피치는 전제 ➡ 논리 ➡ 결론이라는 과정으로 구성되어 있다. 이 과정으로

하나의 스피치가 완전하게 구성된 것이다. 바로 이 부분이 중요하다. 만약 전제를 빼고 논리 부분만 말하면 피로연에 출석한 사람들은 모두 놀랄 것임에 틀림이 없다. 이런 전제 없이 갑자기 불의를 보면 참지 못하는 성품이라고 말하면 모두 눈살을 찌푸리게 될 것이다. 그리고 신랑이 호전적인 투사형인가 하고 의심을 갖게 될지 모른다.

이 스피치가 올바로 전달되고 설득력을 갖는 것은 분명한 전제가 있기 때문이다. 대학 시절 태권도부에서 함께 운동했다는 전제가 있으므로 신랑이 다투기를 좋아하는 사람이 아니라 정의로운 사람이라는 결론이 성립하는 것이다.

숨겨진 전제를 간파해 결론을 읽어 낸다

사람은 누구나 생각하고, 이야기하고, 글을 쓸 때면 반드시 전제를 갖게 된다. 다만 전제를 의식하는가, 의식하지 못하는가의 차이가 있을 뿐이다. 위의 스피치에서는 전제를 의식했기 때문에 '대학 시절 같은 태권도부에 속했다'는 사실을 미리 언급했다.

전제를 의식하지 않고 이야기를 하면 대부분 전제를 생략하게 된다. 말하는 사람에게는 전제가 당연한 사실이기 때문에 반드시 언급을 해야 한다고 생각하기 어렵기 때문이다. 물론 의식적으로 전제를 생략하는 경우도 없지 않지만, 대부분의 사람은 의식하지 않은 상태에서 전제를 생략하고 이야기를 시작한다. 논의나 스피치에 익숙하지 않은 사람일수록 더욱 그렇다.

이런 사람과 토론을 벌이면 수월하게 이길 수 있다. 상대편이 미처 의식하지 못하고 있는 전제를 간파해 그것을 뒤집으면 된다. 전제는 논의를 전개하는 데 있어 최초의 출발점이기 때문에 이 전제를 뒤집으면 논의는 성립되지 않는다. 상대편은 미처 전제를 의식하지 못한 채 당연한 것처럼 논의를 전개하다가 느닷없이

상대편이 생략하고 있는 전제를 간파하면 말하고자 하는 내용을 미리 읽어 낼 수 있다.

전제를 부정당하면 당황하게 된다.

또 상대편이 생략하고 있는 전제를 간파하면 그가 말하고자 하는 내용을 미리 읽어 낼 수 있다. 전제를 알게 되면 결론을 읽어 내기는 매우 간단하다. 그렇게 되면 어떻게 대응해야 할지도 분명하게 알 수 있기 때문에 설득력이 높아지고 그만큼 토론에서 이길 확률도 높아진다.

어떤 말이 논리적이기 위해서는 그 내용이 이치에 맞아야 한다. 하지만 아무리 이치에 맞는 내용이라도 앞뒤 순서가 맞지 않으면 비논리적으로 되기 쉽다. 우리가 가장 저지르기 쉬운 실수가 바로 전제를 생략하는 것이다. 때로 전제를 굳이 밝히지 않아도 누구나 짐작할 수 있는 경우도 있다. 하지만 서로 다른 분야에 종사하고 있으면서 서로 다른 가치관과 사고방식을 가진 사람들이 만나 각자 자기 주장을 펼치는 토론에서 그런 경우는 거의 드물다. 논리적인 설득은 말의 순서를 지켜 이야기하는 것에서 시작한다는 점을 명심하자.

연역과 귀납을 효과적으로 사용하는 기술

내용에 따라 적절하게 선택한다

개별적인 사실과 사물에서 공통적인 법칙을 도출해 내는 것이 귀납법이다. 이와 반대로 한 가지 법칙에서 개별적인 사실과 사물의 현상을 도출해 내는 것이 연역법이다. 예를 들면, 모든 사람은 죽는다는 법칙에서 어떤 특정 사람이 죽는다는 개별의 명제를 이끌어 내는 것은 연역법이다. 반대로 지금까지 지나온 인류의 역사를 보면, 이 사람도 그 사람도 저 사람도 모두 죽었다는 사실에서 모든 사람은 죽는다는 법칙을 이끌어 내면 귀납법이다.

인간의 사고와 행동은 이 두 가지 방법 가운데 어느 하나로 행해진다. 우리가 이야기를 할 때 취하는 형식 역시 귀납적이든가 연역적이든가 둘 중의 어느 하나이다.

연역적 화법과 귀납적 화법은 모두 나름의 장단점을 지니고 있으므로 어떤 것이 더 좋다고 말하기 힘들다. 다만 자신이 주장하고자 하는 내용이 둘 중 어느 것

에 더 적합한지 판단해서 그것을 선택하면 된다. 혹은 자신에게 더 익숙한 방법을 선택하는 것도 한 가지 요령이다.

연역적인 화법은 처음부터 결론을 말하는 방식이다. 간결하면서도 인상적으로 자기 주장을 전달할 때 효과적이다. 연역적 화법을 선택했을 때는 추론의 규칙을 잘 지켜야 한다. 그렇지 않으면 궤변으로 흐를 위험이 크다.

귀납적인 화법은 마지막에 결론을 말하는 방식이다. 복잡한 현상에 대한 설명을 할 때 효과적이다. 하지만 성급한 일반화의 위험성이 있기 때문에 충분한 수준의 사례를 제시할 수 없다면 귀납법은 선택하지 않는 것이 좋다.

서양인은 연역적 화법에 익숙한 데 반해 동양인은 귀납적 화법을 많이 사용한다. 이 같은 현상은 언어 구조와도 어느 정도 관계가 있다. 영어의 문장 구조는 처음에 '네' 또는 '아니오'의 결론을 말하게 되어 있다. 반면에 한국어의 문장 구조는 '네' 또는 '아니오'를 나중에 말하게 되어 있다.

그런데 듣는 사람의 입장에서는 결론이 앞에 나오는 연역적 화법이 이해하기가 더 쉽다. 상대가 무엇을 말하고 싶어 하는지 처음부터 알고 있기 때문에 나중의 이야기가 시원하게 머릿속에 들어온다. 이와 반대로 귀납적인 화법은 맨 나중에 가서야 결론을 알게 되므로 주의해 듣지 않으면 핵심을 놓치기 십상이다. 더욱이 어느 것이 본줄기이고 어느 것이 곁가지인지 분간하기가 힘들다. 또 듣기에 계속 정신을 집중해야 하므로 대단히 피곤하다. 연역적인 화법은 처음부터 결론을 알고 있으므로 듣는 쪽은 쉽고 편하다.

장소에 따라 적절하게 선택한다

강연이나 학술 발표에서는 연역법이 적당하다. 직장에서 상사에게 하는 보고나 회의에서도 연역법으로 말하면 시간이 크게 단축된다. 연역적인 회의 진행법을

도입하면 회의의 생산성을 훨씬 더 높일 수 있다.

자기소개와 피로연 및 파티에서의 스피치는 연역법과 귀납법을 나누어 쓸 필요가 있다. 순서가 빠를 때는 귀납법으로 말해도 좋다. 참석자가 처음에는 모두 잘 들어 주기 때문이다. 그러나 프로그램이 진행되면서 연회가 절정에 도달하면 회장이 어수선해져 귀납적으로 말하면 누구도 잘 들어 주지 않는다. 들으려 해도 들리지가 않는다. 이런 때는 연역적으로 말해야 한다. 지명을 받아 자리에서 일어난 순간만큼은 모두가 주목하게 되므로 이때에 연역적으로 결론을 말하는 것이다. 그리고 분위기를 보아 가며 짧게 끝내야 한다. 이렇게 똑같은 내용이라도 장소와 상황에 따라 귀납법과 연역법을 적절하게 선택할 수 있어야 한다.

스피치라고 하면 다수의 사람이 말할 이야기의 재료를 중심으로 생각한다. 즉 무엇을 말할 것인가 하는 내용에만 주의를 돌린다. 하지만 스피치에서는 이야기 재료뿐만 아니라 화법도 중요하다. 아무리 화제가 흥미로운 것이라 하더라도 말하는 방법이 서투르거나 상황에 맞지 않으면 스피치는 인기를 끌 수가 없다.

말할 내용, 장소, 상황 등에 따라 귀납법과 연역법 중 적절한 것을 선택해 능숙하게 활용할 수 있도록 평소에 훈련해 둘 필요가 있다.

논리성을 단련하는 기술 ☆

숫자만이 논리는 아니다

논리적 인간이 되기 위한 최선의 방법은 이성을 단련하는 것이다. 이성에서 논리가 나온다. 이성은 언어이다. 따라서 논리를 단련하고 싶다면 언어를 단련해야 한다.

그렇다면 어떻게 해야 언어가 단련될 것인가. 그 방법은 '읽고, 쓰고, 말하는' 동서고금의 보편적인 방법을 실천하는 것이다. 이것이 언어를 단련하고 논리를 단련하는 유일한 지름길이다.

흔히들 알고 있듯이, 수학을 공부하는 것은 확실히 논리를 단련하는 좋은 방법이다. 수학은 모든 학문 가운데 가장 논리적인 학문이므로 논리적 사고 능력을 배양하는 데 많은 도움이 된다. 그러나 수학은 사람에 따라 좋고 싫은 정도의 차이가 심하다. 수학을 싫어하면 결코 논리를 단련할 수 없는 것인가? 아니다. 수학

이 논리를 단련하기 위한 유일한 방법이라고 생각하면 곤란하다. 수학을 공부하는 것이 논리성을 키우는 유일한 방법이라고 생각하는 사람들에게 또는 수학을 잘하지 못하면 머리가 나쁘다고 생각하는 사람들에게 수학만이 논리가 아니라는 점을 일깨워 주고 싶다.

모든 것에 '왜?'라는 질문을 던진다

논리성을 단련하기 위해서는 평소 모든 문제에 대해 '왜?'라는 질문을 던지며 의문을 갖는 습관을 몸에 익혀야 한다. 일상적으로 부딪치는 사실과 사물에 대해 의문을 제기하고 '왜 그럴까?'를 생각해 보는 태도야말로 논리에 가까워지는 첫걸음이다. 논리성이 키워지는 동시에 세계에서 일어나는 여러 가지 현상에 대한 판단력과 분석력도 함께 길러진다.

우리는 매일 신문과 텔레비전 등의 매체를 통해 다양한 뉴스를 접한다. 그것들을 '그런가 보군'이라며 무심코 지나치지 말고 꼼꼼하게 의문을 던지면서 논리적 사고를 키울 수 있다. '과연 그럴까?', '어째서 그럴까?' 하는 식으로 모든 문제에 물음표를 달아 보는 것이다. 이렇게 매사에 '왜?'라는 질문을 던지고 그 대답을 생각해 보는 과정을 되풀이하다 보면 어느새 논리성이 몸에 배어 있음을 발견하게 될 것이다.

어린아이들은 낯선 사물이나 현상에 대해 곧잘 '왜?'라는 질문을 던진다. '엄마, 코끼리는 왜 코가 길어?', '아빠, 왜 수염은 남자한테만 나요?' 등등으로 말이다.

이렇게 성장 과정에서 '왜?'라는 질문을 연발하는 것은 그만큼 논리에 눈을 뜬 증거이기도 하다. 그런데 간혹 아이들의 질문에 귀찮아하며 '넌 몰라도 돼'라고 쏘아붙이는 부모들을 볼 수 있다. 자녀를 논리적인 사람으로 키우고 싶다면 그래서는 안 된다.

누구나 당연하게 생각하는 문제에도 당당하게 '왜?'라는 질문을 던질 수 있는 사람은 생각보다 그리 많지 않다. 그것은 이치를 따지는 것을 꺼려 하는 우리나라의 교육 풍토 때문이기도 하다. 어렸을 때는 곧잘 '왜?'라는 질문을 던지던 사람도 성인이 되면 모든 것에 무감각해져 수동적인 사고만 하는 비논리적인 사람으로 변하는 것을 흔히 볼 수 있다. 이런 사람에게는 결코 논리성을 기대할 수 없으며 토론을 잘하기를 바랄 수도 없다.

글쓰기를 본업으로 하는 평론가, 작가들은 일반 사람들이 가볍게 보아 넘기기 쉬운 변화를 포착해 내고 예리하게 분석해 내는 데 특별한 능력을 갖고 있다. 그들이 공통적으로 갖고 있는 것은 바로 '논리성'이다. 즉, 그들이 다른 사람보다 특별한 점이 있다면 바로 논리적 사고력이 뛰어나다는 것이다. 그들이 논리적 사고력이 뛰어나다는 것은 글쓰기와 논리적 사고력이 불가분의 관계에 있다는 반증이다.

다음으로 글쓰기를 통해 논리적 사고력을 키우는 구체적인 방법에 대해 알아보자.

논리적 사고력을 키우는 기술

글쓰기로 논리적 사고력을 키운다

앞에서 언어를 단련하는 것이 곧 논리를 단련하는 것이라고 언급했다. 그렇다면 언어를 단련하는 가장 좋은 방법은 무엇일까? 바로 글쓰기이다. 글쓰기는 논리적 사고 능력을 키우는 가장 기본적이고 좋은 방법이다.

친구끼리의 대화는 설사 비논리적이라 해도 의사소통에 별 지장이 없다. 하지만 글은 그렇지 않다. 아주 간단한 문장이라도 논리적으로 구성되지 않은 글은 그 의미를 제대로 전달할 수 없다. 초등학교 저학년생의 문장을 읽고 이해할 수 없는 것은 논리적으로 구성되어 있지 않기 때문이다.

어린이들에게 일기 쓰기 등을 통해 글쓰기 훈련을 시키는 것은 바로 논리적 사고력을 키우기 위함이다. 단순히 말만 배워서는 논리적 사고력을 키울 수 없다.

작문은 단지 쓰기만 하면 되는 것이 아니다. 작문은 크게 감상문과 논문으로 나눌 수 있다. 감상문은 느낀 것, 생각한 것 등을 자유롭게 표현하는 글이다. 초등학교 어린이의 작문은 대개 감상문에 가깝다. 반면에 논문은 형식에 맞게 논리를 전개하는 글이다. 즉, 논리적으로 구성된 자료와 데이터 등을 통해 논증을 목적으로 하는 글이다. 연구자의 연구 논문 등이 대표적인 사례이다.

오늘날 대부분 학교에서의 작문 학습은 감상문 중심의 작문이다. 소풍과 운동회에서 무엇을 느꼈는가를 생각나는 대로 쓰게 할 뿐이다. 감동적으로 혹은 솔직하게 있는 그대로를 표현하면 좋은 작문이 될 수 있다. 논리적이냐 아니냐는 전혀 따질 필요가 없다.

이런 유형의 작문 교육만을 한다면 언제까지나 정서적이고 감상적인 문장밖에 쓸 수 없게 된다. 이제 논리적 사고가 필요한 문장을 쓰게 하는 작문 교육이 필요하다.

감상문이 아닌 논문을 쓰는 훈련을 한다

이 문제는 학생뿐 아니라 일반 사회인에게도 해당되는 것이다. 가령, 기업체 연수에서 아무 말 없이 주제를 주고 작문을 시키면 어디서나 동일하게 감상문과 논문의 양쪽 계열로 나뉜다. 비율로 보면 8대 2 정도로 감상문 쪽이 압도적으로 우세하다.

주제는 논문에 해당하는 것을 주어도 임의로 각자 자기의 생각과 느낌을 장황하게 늘어놓는 감상문을 쓰고 만다. 논리적인 글쓰기 훈련이 안 되어 있기 때문이다.

만일 학교에서 제대로 훈련을 받지 못했다면 사회에 나와서라도 훈련을 쌓아야 한다. 간혹 기업체 연수에서 작문 교육을 실시하는 경우가 있는데 별 효과를 거두지 못하는 때가 더 많다. 그것은 논문과 감상문의 구별 없이 그저 단순한 글쓰기를 하기 때문이다.

기업체 연수에서 논문 작성법을 프로그램 속에 넣으면 어떨까. 아마도 직원들의 논리적 사고력이 눈부시게 향상될 것이다. 논문을 쓰게 하는 일은 논리적 사고 능력의 배양에 대단히 효과적이다. 논문을 쓰는 것은 논리적 사고를 문장으로

옮겨 놓는 것에 다름 아니기 때문이다. 논문 쓰기를 통해 논리적 글쓰기 훈련을 계속해 나가면 논리적 사고력과 판단력이 자연스럽게 터득될 것이다.

비즈니스 사회는 감성보다는 논리가 우선하는 사회이다. 따라서 비즈니스 사회에서 경쟁력을 갖기 위해서는 논리적 사고력을 갖추는 일이 매우 중요하다. 만일 자신에게 논리적 사고력이 부족하다고 생각된다면, 또 남들보다 뛰어난 논리적 사고력을 발휘해 토론의 명수가 되고 싶다면 지금 당장 글쓰기 훈련을 시작하라.

직관을 논리화하는 기술

직관과 논리가 균형을 이루게 한다

인간이 사고하는 방법에는 두 가지 유형이 있다. 직관적 사고와 논리적 사고가 그것이다. 직관적 사고는 번뜩임, 착상, 영감, 육감, 유추적인 발상이다. 논리적 사고는 이치로 따지고 분석하며 논리적·해석적·수치적으로 생각하는 사고를 의미한다.

직관이 우선하는 사람이 있는가 하면 논리가 우선하는 사람도 있다. 예술가와 스포츠 선수들은 대체로 전자에 속한다. 교수, 학자, 연구원, 작가, 변호사, 회계사 등은 후자에 속한다.

직관과 논리 중 어떤 것이 더 중요한지는 말할 수 없다. 사실상 두 가지 모두를 갖추고 있는 것이 가장 바람직하다. 문제는 두 가지의 균형을 이루는 일이다. 조직을 구성하는 데 있어서도 마찬가지다. 직관형 인재와 논리형 인재를 두루 기용하여 조화를 꾀하는 것이 가장 바람직하다.

최근 젊은이들을 중심으로 직관을 우선시하는 경향이 두드러지고 있으나 이것은 직관과 논리를 제대로 이해하지 못하기 때문에 일어나는 현상이다. 직관은 창조 활동을 하는 데 도움이 되고, 논리는 오히려 창조 활동을 방해한다는 잘못된 견해가 논리를 배척하고 직관을 앞세우는 요인이 되고 있다. 하지만 진정으로 유능한 인재는 직관과 논리 어느 쪽으로도 치우치지 않고 둘 사이에 균형을 이루고 있는 사람이다.

그렇다면 어떻게 해야 직관과 논리의 균형을 이룰 수 있을까? 이것은 쉽지 않은 일이다. 대부분의 사람이 직관보다는 논리에 약하기 때문이다. 많은 사람들이 스스로 논리적 능력이 떨어진다고 생각하고 있다.

결국 우리에게 가장 필요한 것은 논리성을 키우는 일이다. 논리성을 키우면 분석력과 판단력이 향상되고, 직관도 함께 키울 수 있다. 사실상 직관은 순간의 번 뜩임, 영감에 지나지 않는다. 다이아몬드의 원석과 같은 것이다. 이것이 보석으로서의 가치를 가지려면 논리가 필요하다.

직관은 논리로 바뀔 때 가치가 발휘된다

무엇보다 우리는 직관을 제3자로 하여금 파악하게 하지 않으면 안 된다. 이해시켜야 하고 증명해 보여야 한다. 이 과정이 없으면 직관은 그야말로 순간 타올랐다 꺼져 버리는 불꽃이 되고 만다.

직관을 제3자에게 이해시키는 과정은 '직관의 논리화'라고 할 수 있다. 직관은 논리로 바뀔 때 비로소 가치를 발휘하게 된다. 직관의 논리화는 대단히 중요하다. 직관이 창조로 이어지기 위해서도 논리는 반드시 필요하다. 작가들이 오직 감성이나 직관에 의해서만 글을 쓴다고 생각한다면 그것은 커다란 오산이다. 아무리 뛰어난 감성도 논리가 수반되지 않으면 지성으로 발전하지 못한다.

직관을 논리로 바꾸기 위해서는 사고의 과정이 필요하다. 그냥 무작정 마음대로 하는 사고가 아니라 과학적 방법과 절차에 의한 논리적 사고 말이다. 논리를 갈고닦아 직관을 논리화하는 능력을 키우는 것은 우리가 토론을 하는 중요한 이유이기도 하다.

토론의 명수가 되기 위한 5가지 기술

■ **논리적으로 설득하는 기술**
• 전제를 생략하면 설득력이 떨어진다.
• 숨겨진 전제를 간파해 결론을 읽어 낸다.

■ **연역과 귀납을 효과적으로 사용하는 기술**
• 내용에 따라 적절하게 선택한다.
• 장소에 따라 적절하게 선택한다.

■ **논리성을 단련하는 기술**
• 숫자만이 논리는 아니다.
• 모든 것에 '왜?'라는 질문을 던진다.

■ **논리적 사고력을 키우는 기술**
• 글쓰기로 논리적 사고력을 키운다.
• 감상문이 아닌 논문을 쓰는 훈련을 한다.

■ **직관을 논리화하는 기술**
• 직관과 논리가 균형을 이루게 한다.
• 직관은 논리로 바뀔 때 가치가 발휘된다.

세다 CEDA 토론의 사례

교내 CCTV를 설치해야 한다 VS 교내 CCTV를 설치하면 안 된다

개념 정리 및 설치 목적

CCTV는 특정 수신자를 대상으로 화상을 전송하는 텔레비전 방식을 말하며, 산업용·교육용·의료용·교통관제용·방재용 및 사내의 화상 정보 전달용 등으로 그 용도가 다양하다. 최근에는 특히 골목과 같은 우범지대에 CCTV를 설치하는 등 범죄 예방을 위한 설치가 늘어나면서 그 범위가 학교까지 확대되고 있다. 이미 많은 학교가 CCTV를 설치하였고, 정부에서도 예산을 지원하는 등 교내 CCTV 설치를 장려하고 있다.

학교에 설치하는 목적은 교내 학교폭력, 유괴 등의 범죄를 예방하여 학생을 보호하려는 것이다. 최근 학교폭력의 건수가 증가하고 그 강도 또한 높아지면서 심각한 사회문제로 대두되고 있다. 이와 같은 학생들 간의 폭력뿐 아니라 외부인에 의한 미성년자 성폭력, 절도 등의 범죄도 증가하는 추세이다. 일반적으로 이와 같은 범법 행위들은 드러나지 않는 곳에서 일어나기 때문에 학교 곳곳에 CCTV를 설치하여 사각지대를 없애 학생들을 범죄로부터 보호해야 한다는 목소리가 높아지고 있다.

그러나 교내 CCTV 설치는 초상권과 사생활권, 학생들의 행동 자유권, 표현의 자유 등 개인의 기본권을 제한하는 인권 침해 소지가 있다는 반대의 의견도 만만 치 않다. 또한 학교폭력 예방에 CCTV의 효용성이 미비하다는 점과 교사의 수업 권을 침해한다는 의견도 제시되고 있다.

CCTV 설치 현황

교내 CCTV는 현재 학교당 평균 9대꼴로 설치된 것으로 조사되고 있다. 2012년 10월 2일 국회 교육과학기술위원회 소속 유기홍·김상희 의원(민주통합당)이 교 육과학기술부에 요청한 '교내 CCTV 설치 현황' 자료에 따르면 6월 기준으로 전 체 1만1천360개 초·중·고교 가운데 CCTV를 설치한 학교는 97%(1만1천87개교) 에 달했다. 설치 대수는 10만 53개로 한 학교당 평균 설치 대수는 8.8개 수준으로 집계됐다. 연도별로는 2010년 6만8천821대에서 지난해 8만6천252대로 매년 증 가했다. 최근 3년간 CCTV 설치 관련 예산은 2010년 111억 1천만 원에서 2011년 119억 3천만 원으로 증가했으나, 2012년은 97억 9천만 원으로 감소한 것으로 나 타났다.

관련 법규

(1) **헌법 제17조** 모든 국민은 사생활의 비밀과 자유를 침해받지 아니한다.

(2) **헌법 제37조 2항** 국민의 모든 자유와 권리는 국가안전보장·질서유지 또는 공공복리를 위하여 필요한 경우에 한하여 법률로써 제한할 수 있으며, 제한 하는 경우에도 자유와 권리의 본질적인 내용을 침해할 수 없다.

(3) **개인정보보호법 제25조** (영상정보처리기기의 설치·운영 제한)

① 누구든지 다음 각 호의 경우를 제외하고는 공개된 장소에 영상정보처리기기를 설치·운영하여서는 아니 된다.

　　1. 법령에서 구체적으로 허용하고 있는 경우

　　2. 범죄의 예방 및 수사를 위하여 필요한 경우

　　3. 시설안전 및 화재 예방을 위하여 필요한 경우

　　4. 교통단속을 위하여 필요한 경우

　　5. 교통정보의 수집·분석 및 제공을 위하여 필요한 경우

② 누구든지 불특정 다수가 이용하는 목욕실, 화장실, 발한실發汗室, 탈의실 등 개인의 사생활을 현저히 침해할 우려가 있는 장소의 내부를 볼 수 있도록 영상정보처리기기를 설치·운영하여서는 아니 된다. 다만, 교도소, 정신보건시설 등 법령에 근거하여 사람을 구금하거나 보호하는 시설로서 대통령령으로 정하는 시설에 대하여는 그러하지 아니하다.

③ 제1항 각 호에 따라 영상정보처리기기를 설치·운영하려는 공공기관의 장과 제2항 단서에 따라 영상정보처리기기를 설치·운영하려는 자는 공청회·설명회의 개최 등 대통령령으로 정하는 절차를 거쳐 관계 전문가 및 이해관계인의 의견을 수렴하여야 한다.

④ 제1항 각 호에 따라 영상정보처리기기를 설치·운영하는 자(이하 "영상정보처리기기운영자"라 한다)는 정보주체가 쉽게 인식할 수 있도록 대통령령으로 정하는 바에 따라 안내판 설치 등 필요한 조치를 하여야 한다. 다만, 대통령령으로 정하는 시설에 대하여는 그러하지 아니하다.

⑤ 영상정보처리기기 운영자는 영상정보처리기기의 설치 목적과 다른 목적으로 영상정보처리기기를 임의로 조작하거나 다른 곳을 비춰서는 아니 되며, 녹음기능은 사용할 수 없다.

⑥ 영상정보처리기기운영자는 개인정보가 분실·도난·유출·변조 또는 훼손되지 아니하도록 제29조에 따라 안전성 확보에 필요한 조치를 하여야 한다.

⑦ 영상정보처리기기운영자는 대통령령으로 정하는 바에 따라 영상정보처리기기 운영·관리 방침을 마련하여야 한다. 이 경우 제30조에 따른 개인정보 처리방침을 정하지 아니할 수 있다. (후략)

찬반 쟁점 정리

쟁점	찬성	반대
교권	학생, 학부모의 교권 침해 예방	교사의 수업권 침해
학생	절도나 폭행 등 교실내 범죄 예방	사생활권, 표현의 자유 침해
분쟁	사안 발생 시 객관적 근거로 해결	학부모의 민원, 항의 근거로 활용
교육효과	생활지도, 학업성취 향상	불신당하는 느낌 줘 비교육적
실효성	예방효과 있음	실질적 예방효과 없음

토론자

	찬성측		반대측
입론자	궁내중 3학년 신○혜	입론자	안양서여자중 3학년 정○혜
교차 조사자1	호계중 3학년 김○진	교차 조사자1	귀인중 3학년 박○빈
교차 조사자2	귀인중 3학년 조○훈	교차 조사자2	호성중 3학년 박○리
반박자	호계중 3학년 장○필	반박자	과천중 3학년 권○지
최종 변론자	귀인중 3학년 고○욱	최종 변론자	귀인중 3학년 정○영

찬성측 입론

안녕하십니까? 찬성측 입론자 신○혜 토론자입니다.

우선, CCTV란 24시간 동안 쉬지 않고 실수도 하지 않는 관리자로, 사람들의 안전을 보장하기 위해 설치된 것입니다. 따라서 저희는 여러 가지 사건사고가 발발하는 장소 중 하나인 학교에 CCTV를 설치해야 한다고 주장합니다.

첫 번째 근거는 교내에 CCTV를 설치함으로써 학교폭력을 예방할 수 있다는 것입니다. 시드니에서 24시간 CCTV를 57개 학교에 설치한 결과, 학교폭력이 70% 절감하였습니다. 또한 우리나라 울산 지역에서는 학교에 CCTV를 설치한 후 학교폭력이 600건에서 174건으로 급감하였습니다. 이 사례는 학교에 CCTV를 설치하는 것은 학교폭력을 예방할 수 있다는 것을 입증합니다.

두 번째 근거는 교내에 CCTV를 설치함으로써 각종 기타 범죄를 예방하고 또한 범죄자를 처벌로 이끌 수 있다는 것입니다. 안전한 환경을 보장해 주어야 할 학교에서 폭력, 도난, 심지어 납치와 성폭행 같은 범죄가 행해지고 있습니다. 만약 교내에 CCTV를 설치한다면 범죄자들이 CCTV의 존재를 인식하게 되어 범죄율이 현저히 떨어질 것입니다.

마지막 근거는 CCTV는 교내에 생기는 분쟁 해결의 귀중하고도 객관적 근거가 될 수 있다는 것입니다. 체벌 금지법으로 인해 학부모, 학생, 외부인의 수업 침해는 물론 교사 폭행 사건이 늘어나고 있습니다. 만약 CCTV를 설치한다면 학생과 학부모의 행동이 조심스러워질 것이며, 이러한 불미스러운 사건이 생기더라도 전 과정을 CCTV를 통해 볼 수 있기 때문에 객관적인 증거가 될 수 있다고 생각합니다. 따라서 저희는 CCTV를 교내에 설치해야 한다고 주장합니다. 이상입니다.

동영상으로 보기

반대측 입론

안녕하십니까? 반대측의 입론자 정○혜 토론자입니다.

우선, CCTV는 특정 수신자를 대상으로 화상을 전송하는 텔레비전 방식을 말합니다. 저희는 교내 CCTV 설치를 반대합니다.

첫 번째 근거로 교내에 설치된 CCTV는 인권을 명백히 침해합니다. 헌법 제17조에 따르면 모든 국민은 사생활의 비밀과 자유를 침해받지 않을 권리가 있습니다. 하지만 교내 곳곳에 설치된 CCTV는 학생과 교사의 일거수일투족을 모두 감시합니다. 이에 따라 CCTV는 사생활권, 개인의 초상권, 학생들의 행동 자유권, 표현의 자유 그리고 교육권 등 기본권을 제한합니다.

두 번째로 CCTV는 범죄 예방에 실효성이 없습니다. CCTV는 사건 발생 후 녹화된 내용으로 수사에 근거가 되는 사후대책에 불과합니다. 또한, 사각지대가 생겨 전면적 단속 또한 불가능합니다. 그리고 범죄가 사각지대로 몰려 발생하는 이른바 풍선효과로 범죄의 총 발생건수에 있어서는 효과가 없습니다.

세 번째로 교내 CCTV 설치는 비교육적입니다. 학교는 우범지대가 아닌 교육 현장이자 일반 생활공간입니다. 이러한 학교에 CCTV를 설치한다는 것은 학생들을 잠재적인 범죄자로 인식하고, 그들을 감시의 대상으로 간주하는 것입니다. 모든 학생들이 다 범죄를 저지르는 것은 아닙니다.

저희는 이러한 근거로 교내 CCTV 설치를 반대합니다. 이상입니다.

동영상으로 보기

반대측 교차 조사

안녕하십니까? 반대측 교차 조사자 박○빈 토론자입니다. 질문 시작하겠습니다.

Q. 입론자께서 CCTV로 인한 학교폭력 예방이 가능하다고 하셨죠?

A. 네.

Q. 하지만 개인정보보호법에 따르면 불특정 다수가 사용하는 탈의실, 화장실 등 사생활 침해의 가능성이 농후한 곳에서는 CCTV의 설치가 불가능하죠?

A. 네.

Q. 즉, CCTV에는 필연적으로 사각지대가 생성되죠?

A. 네.

Q. 이러한 사각지대에서 학교폭력이 이루어지지 않을까요?

A. 이루어질 수도 있습니다.

Q. 그렇다면 과연 CCTV가 실효성이 있다고 할 수 있나요?

A. 제가 입론에서 말한 두 사례를 통해 입증되는 것을 보여 드렸습니다.

Q. 입론자께서 시드니와 울산의 예를 계속 드시는데, 저는 영국의 예를 들겠습니다. 영국은 세계 최초로 CCTV를 실용화한 국가로서, 전 세계 최다 CCTV 보유 국가입니다. 맞죠?

A. 네.

Q. 이러한 영국의 사례로서 저희는 CCTV의 장기적인 효과를 예측해 볼 수 있겠죠?

A. 네.

Q. 영국의 보고서에 따르면 CCTV는 범죄 감소 및 예방에 큰 효과를 미치지 않는다고 보고되어 있습니다. 이를 보아, CCTV는 단기적인 효과가 있을 뿐, 장기적인 효과는 미미하다고 볼 수 있겠죠?

A. 부분적으로 인정합니다만 사례의 차이가 있다고 생각합니다.

Q. 이상입니다.

안녕하십니까? 반대측 두 번째 교차 조사자 박○리 토론자입니다. 입론자께 질문하겠습니다.

Q. 먼저 교내 CCTV 설치가 범죄를 예방할 수 있다고 하셨죠?

A. 네.

Q. 하지만 학교에서는 이러한 CCTV를 실시간 모니터링할 인력이 부족합니다. 결국 사건이 일어난 후에 녹화된 영상을 보고 범인을 찾는 데만 CCTV를 이용할 것입니다. 이것을 예방이라 할 수 있을까요?

A. 제가 예방이라고 말한 측면은 범죄자가 CCTV의 존재를 인식하여 범죄율이 현저히 떨어진다는 점을 말씀드린 것입니다.

Q. 하지만 과연 범죄자들이 CCTV의 존재를 인식한다고 해서 과연 범죄율이 떨어질까요? 2년 전 서울의 한 초등학교에서 흉기난동 사건이 발생한 적이 있습니다. 이 학교에는 무려 46대의 CCTV가 설치되어 있었고, 최소 세 차례나 사건 피의자가 영상에 찍혔습니다. 하지만 아무도 그를 제지하지 못했습니다. 이렇게 범죄자들이 카메라에 찍히는 것을 더는 두려워하지 않는 상황에서 CCTV는 그저 무용지물이 아닐까요?

A. 그것은 24시간 전담자가 없었을 때 일어난 일로 알고 있습니다. 만약 24시간 동안 관리하는 관리자가 존재하게 된다면 그러한 사태는 더는 발생하지 않을 것으로 예상합니다.

Q. 네, 말씀하신 대로 저희는 CCTV의 설치보다 경찰 등의 감시 인력을 늘려야 한다고 생각합니다. 다음 질문으로 넘어가겠습니다. CCTV가 학생인권조례로 인한 교권 침해를 막을 수 있다고 하셨죠?

A. 네.

Q. 이것은 CCTV가 교사와 학생의 모든 행동을 녹화하기 때문이 아닙니까?

A. 네.

Q. 그렇다면 교사의 수업 내용 또한 모두 녹화한다는 것 아닙니까?

A. 네.

Q. 그렇게 교사의 수업 내용을 모두 녹화한 것을 교장과 교감이, 교사들을 감시하고 평가하는 도구로 악용한다면 이것이 과연 교권을 보호하는 길일까요?

A. 하지만 만약 CCTV를 설치하지 않았을 때 교사에게 일어날 수 있는 교사 폭행 사건과 같은 사례가 더욱 교사의 교권을 침해하는 일이라고 볼 수 있습니다.

Q. 이상입니다.

동영상으로 보기

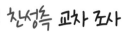 **찬성측 교차 조사**

안녕하십니까? 저는 찬성측 교차 조사자 김○진 토론자
입니다. 입론자께 질문하겠습니다.

Q. 학교는 학생들의 생활공간이자 교육받는 공간이죠?

A. 네.

Q. 학생들 중 30% 이상이 교실 내에서 학교폭력을 당했다고 합니다. 이를 미루어 봤을 때 학교폭력은 보통 학교 내에서 이루어지죠?

A. 네.

Q. 그렇다면 학교는 공공기관이기 때문에 학생들의 안전을 보장하기 위한 안전시설이 필요하죠?

A. 네.

Q. 독일에서는 공공기관에 CCTV를 설치했는데, 그 결과 범죄율이 50%가량이나 감소되었다고 합니다. 이로 인해서 피해자의 인권이 보장되는 것이 아닙니까?

A. 하지만 독일의 사례에서 든 공공장소와 학교는 그 특성이 다릅니다.

Q. 하지만 학교도 독일의 공공기관과 같이 개방되어 있기 때문에 저희는 같은 공공시설이라고 인정하고 넘어가겠습니다. 헌법 제37조 2항 아시죠?

A. 네.

Q. 헌법 제37조 2항에 따르면 국민의 자유와 권리는 국가안전보장, 질서유지, 공공복리를 필요로 할 때는 법률로써 제한할 수 있습니다. 그렇다면 질문하겠습니다. 모든 학생들이 잠재적 피해자라는 것은 인정하시죠?

A. 하지만 CCTV를 설치한다는 것은 그 학생들을 잠재적 범죄자로 인식한다는 것입니다.

Q. 하지만 제가 학생들을 잠재적인 피해자라고 말하는 것은, 학생들이 어느 순간 어느 장소에서든지 범죄로 인해서 피해를 받을 가능성이 있다는 것입니다. 그것은 인정하시죠?

A. 네.

Q. 그렇다면 다수의 피해를 막기 위해서 CCTV를 설치해서 다수의 안전성을 보장해야 하는 것 아닙니까?

A. 하지만 학교는 교육시설입니다. 이러한 교육시설에서 CCTV를……

Q. 그러므로 저희는 아까 입론자께서 말씀하신 대로 안전한 교육환경을 제공하기 위해서 교내에 CCTV를 설치해야 한다고 생각합니다. 이상입니다.

안녕하십니까. <u>찬성측 두 번째 교차 조사자 조○훈 토론자입니다.</u> 그럼 입론자께 질문하겠습니다.

Q. 입론자는 두 번째 근거에서 범죄 예방에 실효성이 없다고 말씀하셨죠?

A. 네.

Q. 그 세부 근거 중 하나가 CCTV가 사후대책에 불과하다고 말씀하셨습니다. 맞습니까?

A. 네.

Q. 그렇다면, 상황 발생 시 갈등 해결에 도움이 될 수 있는 객관적인 자료가 될 수 있다는 사실을 인정하시는 겁니까?

A. 네.

Q. 그렇다면, 저희측의 세 번째 근거인 CCTV가 귀중한 근거가 될 수 있다는 사실도 인정하는 것으로 알고 넘어가겠습니다. 두 번째로 CCTV는 사각지대가 있기 때문에 전면적인 단속이 불가능하다고 하셨습니다. 맞습니까?

A. 네.

Q. 그렇다면 만약 CCTV가 존재하지 않을 경우, 사각지대라는 것 자체가 무의미한 채 오히려 무분별한 위험에 노출될 수 있지 않을까요?

A. 하지만 범죄예방에 있어서 CCTV 설치 말고도 다른 대안이 있습니다.

Q. 그렇다면 다른 대안으로는 무엇이 있죠?

A. 우선적으로 CCTV를 설치하게 되면 타율적으로 감시하게 됩니다. 일차적으로 인성교육을 통해 범죄를 예방할 수 있다고 생각합니다.

Q. 하지만 현재도 인성교육을 실시하고 있죠?

A. 네, 하지만 표면적입니다.

Q. 이처럼 인성교육을 실시되고 있는 상황에서도 교권 침해 등의 문제점이 발생하고 있는데, 이것은 오히려 인성교육이 CCTV보다 훨씬 실효성이 떨어진다고 생각합니다.

두 번째로 교차 조사를 반박하겠습니다.

Q. 박○빈 교차 조사자께서는 영국의 예를 드셨죠?

A. 네.

Q. 영국은 1980년대 중반부터 교통단속 카메라를 설치했지만, 본격적으로 CCTV가 설치되기 시작한 것은 1998년 정보보호법 이후부터입니다. 알고 계십니까?

A. 네.

Q. 저는 다른 나라의 예로 근거를 들어 보도록 하겠습니다. 첫 번째로, 미국의 경우 1999년 콜로라도 고등학교 총기난사 사건을 계기로 CCTV를 설치하였고, 그 결과 언론의 좋은 평을 받았습니다. 두 번째로, 독일은 1996년 엄격한 개인정보보호법에도 불구하고 CCTV를 설치하여, 절도는 50% 마약은 25% 감소하였습니다. 또한 일본의 경우에는 2001년 슈퍼 방범동 18대를 설치하여 큰 효과를 얻었습니다. 알고 계십니까?

A. 네.

Q. 이처럼 저희측은 CCTV 설치로 인해 매우 큰 효과를 얻을 수 있다고 생각합니다. 이상입니다.

찬성측 반박

안녕하십니까? 찬성측 반박자 장○필 토론자입니다.

먼저 반대측 입론자께서 CCTV는 명백한 인권침해라고 하셨는데, CCTV 자료는 범죄 수사를 위해 경찰에게만 공개하는 것이 원칙이기 때문에 인권침해의 소지가 굉장히 적습니다. 또한, CCTV를 통해 학교폭력을 줄이는 것은 교내 질서유지를 위한 것으로, 헌법 제37조 2항 질서유지를 위해서는 기본권을 제한할 수 있다는 것에 위배되지 않기 때문에 인권침해가 아닙니다.

또한 두 번째로 영국의 예를 드시며 실효성이 없음을 강조하셨는데, 현재 CCTV 기술의 발달로 감시카메라를 조종하는 펜틸트 기술의 개발로 사각지대를 어느 정도 보완할 수 있습니다. 또한 울산의 예를 보았을 때, 학교폭력이 CCTV의 설치 이후 600건에서 174건으로 급감한 것을 볼 수 있습니다. 이러한 점에서 CCTV는 어느 정도 효과가 있다고 볼 수 있습니다.

또한 CCTV는 학생들을 잠재적 범죄자로 본다는 점에서 비교육적이라고 하셨는데 은행, 도로 등 공공장소에 CCTV를 설치하는 것과 같이, 학교라는 공공장소에 CCTV를 설치하는 것은 학생들을 잠재적 범죄자로 보는 것이 아니라 학생들을 보호하기 위한 안전장치라고 생각할 수 있습니다.

또한 교차 조사에서 CCTV를 통해 교사의 수업을 지켜보는 것은 교권 침해라 하셨는데, 현재 학생인권조례로 인해 교권 침해 사례가 급증하고 있습니다. 이런 교권 침해를 받은 피해자들을 방치하는 것은 오히려 더 큰 문제라 생각합니다. 또한 CCTV를 설치함으로써, 교사와 학생 서로 행동을 조심하게 되는데, 이를 통해 CCTV 설치가 더 효율적인 인권보호라고 생각합니다. 이상입니다.

씨앤에이논술

동영상으로 보기

반대측 반박

안녕하십니까? 반대측 반박자 권○지 토론자입니다.

첫 번째로 교내에 CCTV를 설치하면 학교폭력을 예방할 수 있다고 하셨는데, 그것은 일시적인 임시방편일 뿐입니다. CCTV의 효과를 장기적인 관점으로 바라본 영국에서는 CCTV가 실질적으로 3%밖에 도움이 되지 않는다고 밝혔습니다. 그러므로 CCTV의 효과를 단기적으로 바라본 우리나라와 시드니의 조사 결과만을 보고 효과적이라고 볼 수 없습니다.

두 번째로 CCTV로 인해 각종 기타 범죄가 예방된다고 하셨는데, 영국 잡지인 〈가디언〉은 범죄자들이 실질적으로 사진 찍히는 것을 두려워하지 않는다고 밝혔습니다. 범죄자들은 사람들의 인식을 무시하기 때문에 그들이 계속 범죄를 저지르는 것입니다. 그러므로 CCTV는 오직 사후처리에만 효과적이라고 할 수 있습니다.

세 번째로 CCTV가 객관적 근거가 될 수 있다고 하셨는데 그것은 인정합니다. 하지만 그것은 미미할 뿐입니다.

교차 조사 반박하겠습니다.

인성교육으로 말할 것 같으면 경기도 흥덕고를 예로 들 수 있습니다. 경기도 흥덕고에서는 교육청보다 먼저 학생인권조례를 도입하였습니다. 학생들이 스스로 토론하여 학생생활권리를 규정하고, 학생과 선생님이 함께 서로를 존중하고 배려하여 인성교육으로 인해 학교폭력에 대한 효과를 보고 있습니다. 다른 대안학교 역시 인성교육으로 인해 빠르게 발전해 나가고 있습니다. 그러므로 인성교육이 더욱 효과적이고 현실적인 대안 방법이라고 할 수 있습니다. 이상입니다.

동영상으로 보기

반대측 최종 변론

안녕하십니까? 저는 반대측 최종 변론자 정○영 토론자입니다.

저희측은 첫 번째로 헌법 제17조를 근거로 CCTV가 인권을 침해한다고 하였습니다. 두 번째로는 CCTV 자료가 사건 발생 이후 사용되고 또한 사각지대가 발생하므로 CCTV 설치는 실효성이 떨어진다고 하였습니다. 세 번째로는 학생들을 잠재적인 범죄자로 인식하고, 학교에서 범죄 예방을 위해 CCTV를 설치하여 감시한다는 것은 비교육적이라고 생각합니다.

재반박으로 들어가겠습니다.

먼저 경찰에게만 공개하고 법률로 제한하기 때문에 인권침해의 요소가 줄어든다고 하셨습니다. 하지만 이런 원칙은 지켜지지 않습니다. CCTV 녹화자료 유출 사건이 발생하기 때문입니다.

두 번째로 24시간 모니터링을 하는 것은 명백한 인권침해입니다. 소수의 범죄자들 때문에 다수의 선량한 시민의 인권을 침해하는 것은 옳지 않습니다. 울산은 짧은 기간에 일어난 임시적인 방편에 대한 사례에 불과합니다.

세 번째로 학교에서는 오랫동안 활동을 합니다. 하지만 은행과 도로는 일시적으로 들르는 곳입니다. 학교에서 학생을 잠재적 범죄자들로 보고 CCTV를 설치하는 것은 옳지 않습니다. CCTV를 설치하지 않아도 관리자를 통해 범죄 예방이 가능하다고 생각합니다.

학교는 어떤 곳입니까? 학교는 하나의 작은 사회로서 책임 있는 민주시민을 육성하는 곳입니다. 만약 당신이 CCTV로 하나하나 행동이 감시당하고 있다면 정서적인 불안 때문에 제대로 된 학교생활을 하지 못할 것입니다. 과연 이런 학생들이 성장하여 사회에 진출했을 때, 진정한 민주시민이 될 수 있을지 의문이 듭니다. 이상입니다.

동영상으로 보기

찬성측 최종 변론

안녕하십니까? 저는 찬성측 최종 변론자 고○욱 토론자입니다.

저희 쪽 주장의 근거를 정리해 보면, 교내의 CCTV 설치를 통해 학교폭력과 각종 범죄를 예방할 수 있고, 학교폭력이 발생한 경우 범인을 처벌할 수 있는 증거와 분쟁 해결의 객관적인 자료를 확보할 수 있다는 것이었습니다.

재반박으로 들어가겠습니다. 영국에서는 장기적으로 보았을 때 CCTV 설치가 효과가 없다고 하셨는데, 울산시 교육청에 따르면 CCTV 설치 후 학교폭력이 급격하게 줄었다고 합니다. 또한 CCTV가 하는 역할이 3%에 불과하다고 하셨는데, CCTV를 설치해 학교폭력 3%를 줄이는 것이 CCTV를 설치하지 않아 학교폭력을 방치하는 것보다 낫다고 생각합니다. 범죄자들이 CCTV를 두려워하지 않는다고 하셨는데, 이는 울산시 교육청 사례를 따라 CCTV를 설치한 후 학교폭력이 줄어든 것으로 보아, 범죄자들이 CCTV를 두려워하는 것이라고 볼 수 있습니다.

21세기에는 대중매체의 발달로 청소년들이 대중매체에 나오는 범죄에 영향을 많이 받고 있습니다. 그래서 학교폭력의 정도가 심해지고 미디어의 발달로 인해 그 범위 또한 넓어졌습니다. 이러한 상황에서 학교폭력 등의 각종 범죄를 예방하는 것은 매우 시급하고 대책이 필요한 문제임에 틀림없습니다.

여러분! 여러분의 형, 누나, 친구 등 주변 사람들이 학교폭력의 피해자이고 CCTV 미설치로 인하여 증거가 없어 가해자들이 발뺌하여도 처벌할 방법이 없다고 생각해 보십시오. 이 얼마나 억울하고 안타까운 일입니까? 현재에도 이러한 상황이 CCTV 미설치로 인해 버젓이 반복되고 있습니다. 여러분이 이런 상황에도 과연 CCTV 설치를 반대할까 매우 의문스럽습니다. 저희는 이런 모든 상황을 고려해 봤을 때 CCTV가 이러한 상황들을 대응하고 대처할 수 있는 최적의 방안이라고 생각합니다. 이상입니다.

동영상으로 보기